Sammlung

Maurice Faure, Paris, etc.

Italienische Münzen und Medaillen
Alte Kunstmedaillen und Plaketten

Leo Hamburger, Frankfurt a. Main

September 1913

Leo Hamburger, Scheffelstraße 24, Frankfurt a. M.

KATALOG

Sammlung des Herrn

MAURICE FAURE, PARIS

u. A.

Florentiner und sonstige Italienische Münzen und Medaillen

Alte Kunstmedaillen und Plaketten

AUKTION

am 22. und 23. September 1913
unter Leitung und im Lokale von
LEO HAMBURGER, Experte
in **Frankfurt a. Main,** Scheffelstraße 24

Mit 28 Lichtdrucktafeln

FRANKFURT AM MAIN • 1913
Druckerei von August Osterrieth

Die Versteigerung beginnt am **Montag, 22. September 1913,** präzis 9 Uhr vormittags.

Dieselbe erfolgt gegen Barzahlung mit dem üblichen Aufgelde von **10**%. Gebote können bis zu Mk. 5.— mit mindestens je 25 Pf., von Mk. 5.— bis Mk. 20.— mit je 50 Pf., von Mk. 20.— bis Mk. 100.— mit je Mk. 1.—, von Mk. 100.— und darüber mit je Mk. 5.— Steigerung abgegeben werden.

Bei etwaigen durch Doppelgebot sich ergebenden Differenzen zwischen den Auktionsteilnehmern wird die betreffende Nummer unter Annullierung des Zuschlags aufs neue versteigert.

Der Auktionsleiter behält sich vor, bei der Versteigerung nach Ermessen von der Reihenfolge der Katalognummern abzuweichen.

Die Münzen können bis zur Auktion während der Geschäftsstunden bei mir besichtigt werden.

Zu aller Auskunft und sorgfältigster Besorgung der Ankäufe gegen 5% Provision vom Erstehungspreise ist bereit

Leo Hamburger,

Scheffelstrasse 24, Telephon 3885.

Florenz.

Orsini = Ignazio Orsini. Storia delle monete della repubblica fiorentina.
Derselbe. Storia delle monete de granduchi di Toscana etc.

Republik.

1 **Fiorino d'oro.** Lilie u. St. Johannes. Münzzeichen Eichel (ghianda). Orsini 7. Gut erhalten.

2 Desgleichen. Mzz. Lilie (giglio). Ors. 18. Gut erhalten.

3 Desgleichen. Mzz. Jagdhorn (corno). Ors. 35. S. g. e.

4 Desgleichen. Mzz. Schwert (spada). Ors. 36. S. g. e.

5 Desgleichen. Mzz. Mond (luna). Ors. 43. S. g. e.

6 Desgleichen. Mzz. Hut (cappello). Ors. 63. S. g. e.

7 Desgleichen. Mzz. Kanne (ampolla). Ors. 66. - 2 Var. mit u. ohne Punkte vor u. nach B S. g. e. 2

8 Desgleichen. Mzz. Distel (cardo). Nicht bei Ors. S. g. e.
Abgebildet Tafel I.

9 Desgleichen (1313). Mzz. Kessel (caldaia). Ors. p. 19. 2 Var. S. g. e. 2

10 Desgleichen (1322). Mzz. Rose (rosa). Ors. p. 31. Gut erhalten.

11 Desgleichen (1322). Mzz. Knopf (bottone). Ors. p. 33. S. g. e.

12 Desgleichen (1326). Mzz. Schelle (sonagli). Ors. p. 37. Sehr gut erhalten.

13 Desgleichen (1327). Mzz. Hacke (piccone). Ors. p. 38. Schön.

14 Desgleichen (1330). Mzz. Zange (tenaglie). Ors. p. 42. Schön.

15 Desgleichen (1341). Mzz. Krebs (gambero). Ors. p. 61. Sehr gut erhalten.

16 Desgleichen (1364). Mzz. Herzförm. Schild m. Mond u. Kreuz (scudolina con luna e croce). Vgl. Ors. p. 94. Sehr gut erhalten.

17 Desgleichen (1388). Mzz. 2 gekr. Krummstäbe (2 pastorali in croce). v. Vanne de Castellani. Ors. p. 127. Gut erhalten.

18 Desgleichen (1435). Mzz. Wappen v. B. B. Spinelli u. Halbmond. Ors. p. 193. Schön.

19 Desgleichen (1435). Mzz. Wappen von Simone de Canigiani. Ors. p. 193. Schön.

20 Desgleichen (1443). Wappen von Joh. Gianni. Ors. p. 203. S. g. e.

21 Desgleichen (1443). Mzz. 2 gekr. Hämmer. Ugolino de Martelli. Ors. p. 204. Schön.

22 Fiorino d'oro (1447). Wappen v. Angelo de Vettori. Ors. p. 207. Schön.

23 Desgleichen (1449). Wappen v. Nicola de Carretani. Ors. p. 211. Sehr gut erhalten.

24 Desgleichen (1463). Wappen v. Ant. Nic. de Martelli. Ors. p. 229. Sehr gut erhalten.

25 Desgleichen (1464). Mzz. Tier m. 2 Köpfen (animale con due teste) v. Benedetto Allessandri u. Anker (ancora). S. g. e.

26 Desgleichen (1465). Wappen v. Nicola de Davanzati (Hirschgeweih u. N). Ors. p. 232. Sehr gut erhalten.

27 Desgleichen (1466). Wappen v. Joh. Tadd. de Antilla. Ors. p. 233. Schön.

28 Desgleichen (1471). Wappen v. Giov. Franc. de Pitti. Ors. p. 238. Sehr gut erhalten.

29 Desgleichen (1473). Wappen v. Francisco de Valori. Ors. p. 242. Sehr gut erhalten.

30 Desgleichen (1474). Wappen v. Georgio de Ugolini. Ors. p. 242. Gut erhalten.

31 Desgleichen (1475). Wappen v. Gugl. de Pazzi. Ors. p. 243. Sehr gut erhalten.

32 Desgleichen (1482). Wappen v. Nic. Al. de Ridolfi. Ors. p. 249. Sehr gut erhalten.

33 Desgleichen (1511). Wappen v. Carolo Leon. de Ginori. Ors. p. 291. Schön.

34 Desgleichen (1524) mit Mzz. Z/3 Zenobio de Acciaioli. Vgl. Ors. p. 26 und p. 306. Schön. *Abgebildet Tafel I.*

35 Desgleichen (1524). Wappen v. Al. de Martelli (AL über Greifenschild). Ors. p. 306. S. schön.

Imitationen von Florentiner Goldgulden.

36 **Aragon.** Peter IV. 1335—87. ✠ ARAG — O REX P Lilie. Rv. S·IOHA — NNES · B (Turm) Der Täufer. Dannenberg 5. Ors. T. I. 7. S. g. e.

37 ½ Goldgulden. Wie vorher, aber Mzz. Krone. Dbg. 6a. S. g. e.

38 **Arles.** Etienne de la Garde. 1351—59. Av. ∗ — ∗ S·AREL — ARCħP· Rv. · S · IOHA — NNES · B · S Dbg. 21 Var. Vgl. Ors. 35. S. g. e.

39 **Cortemiglia.** Manfred (?) de Careto. Av. ✠ FLOR — ЄX ΩħA Rv. S IOHA — NNES . B · (Adlerkopf) Dbg. 30. Revue belge 1865 p. 435. • Geringhaltig. S. g. e.

40 **Frankreich, Dauphiné.** Humbert II. 1333—49. ✠ ħV · DPħ — VIENS Rv. · S · IOИA — NNES · B · (Turm) Dbg. 32. Ors. 29. Sehr gut erhalten.

41 Carl I. (als König Carl V.). 1349—80. Av. ✠ KROL — DPħS · V · Rv. · S IONA — NNES · B · (Delphin) Dbg. 33. Ors. 16. Sehr gut erhalten.

42 **Orange.** Raimund III. 1335—40 (oder IV. 1340—93). Av. (Posthorn) R · DI · Є · P · AURA Rv. · S · IOHA — NNES · B (Helm) Dbg. 38b. Ors. 15. S. g. e.

43 **Carpentrasso.** Johann XXII. 1316—34. Av. (2 gekr. Schlüssel) SAИT — PETRИ · Rv. S · IOHA — NNES · B · (Tiara) Cin. 2, Dbg. 43a u. Ors. 1 ungenau. Sehr gut erhalten.

44 Goldgulden von verschiedenen Stempeln. Sehr gut erhalten.

45 **Mainz.** **Gerlach von Nassau.** Av. ✠ ЄЄRL • — ΆRЄPS Rv. (Rad) • S . IOHΆ — ИИES • B (Doppeladler). Dbg. 65a Var. (dort noch Mzz. Löwe). Ors. 17. Sehr gut erhalten.

46 **Pfalz.** **Rupert I.** 1353—90. Av. ✠ RVPЄ — RT DVX Rv. S . IONΆ — ИЄS • B (Gekr. Löwe) Dbg. 69a. Ors. 14. S. g. e.

47 Desgleichen. Var. mit RVPE S. g. e.

48 **Oesterreich.** **Albrecht II.** 1336—58. Av. DVX • ΆLB — ERTVS Rv. S . IOHΆ — NNES • B (Bindenschild) Dbg. 71. Ors. 12. S. g. e.

49 **Ungarn.** **Carl I. Robert.** 1308—42. Av. ✠ KΆRO • — • LV • REX Dbg. 79. Ors. 3. Sehr gut erhalten.

50 **Ludwig I.** 1342—82. Av. ✠ LODOV — ICI REX Rv. S IOHΆ — ИИES B (Krone) Dbg. 80. Ors. 4. S. g. e.

51 Desgleichen. ✠ LODOVICVS : DЄI : GRΆCIΆ : RЄX Zweifeld. Wappen in Sechspass. Rv. : S • IOHΆ — ИИES B (Krone) Der steh. Heilige. Ors. 26. S. g. e.

52 **Pfalz.** **Rupert I.** 1353—90. Oppenheimer Dukat. ✠ MOЯETΆ • IЯ • OPPEЯ ҺEIЯ ∴ Vierfeld. Wappen in Dreipass. Rv. S • IOHΆ — ЯИES • B (Doppeladler) Sehr gut erhalten.

53 **Mainz.** **Johann II. von Nassau.** 1397—1419. Binger Goldgulden. Av. IO ҺIS . ΆR — Є — P • MΆGVЯT Joh. d. T. v. vorn. Rv. ✠ WO (sic!) — ЯЄTΆ • OPI • PIЯCЄ — SIS Zweifeld. Wappen Mainz-Nassau, oben an d. Ecken die Wäppchen von Trier u. Cöln. Schön.

54 Aehnl. Hoechster Goldgulden mit ✠ MO — ЯЄTΆ • I • ҺOЄST SVP' — MO u. d. Wäppchen v. Trier u. Mörs (statt Cöln). S. g. e.

55 **Trier.** **Cuno von Falkenstein.** 1388—1418. Dukat. COЯO ⁑ ΆRCҺIЄPS ⁑ TRЄVЄRЄЯ Zweifeld. Wappen in Dreipass, darüber 2 gekr. Schlüssel. Rv. S • IONΆ — NNES • B (2 gekr. Schlüssel). Steh. St. Johannes. Bohl 2. Ors. 19. Sehr gut erhalten.

56 **Werner von Falkenstein.** 1388—1418. Oberweseler Ducat. WЄRЯЄRV — S ΆRCҺIPS Steh. St. Johannes, zw. s. Füssen ein Adler. Rv. • MOЯЄ • — • TΆ WЄ • — • SЄIL • Zweifeld. Wappen in Dreipass, in den Winkeln 3 Wäppchen. Bohl —. Schön.

57 **Florino d'argento** (1182). Ors. III. 3. Sehr gut erhalten.

58 **Popolino** (1305). Ors. III. 7 (2 Var.) — u. **Grosso da venti** (1316). Ors. III. 12 (2 Var.). S. g. e. 4

59 **Guelfo da trenta** (1318). Ors. IV. 13. 2 Var. Schön. 2

60 **Guelfo grosso** mit thron. Johannes. Ors. IV. 18 Var. (1399?). Leichte Henkelspur, sonst s. g. e.

61 Ähnl. desgleichen (1406 u. 1409 (?). 2 Var. Sehr gut erhalten. 2

62 **Grosso** mit steh. Johannes. Ors. IV. 22. 6 Var. mit versch. Wäppchen. S. g. e. 6

63 **Mezzo Grosso, Soldino** (4 Var.) u. **Quattrino bianco** (3). Ors. 23, 24 u. 26. G. u. s. g. e. 8

64 **Grosso** (1483) mit steh. Johannes. Ors. V. 25. Sehr gut erhalten.

65 **Cotale** (Testone=4 Grossi). Lilie. Rv. Thron. Johann d. T. Zu den Seiten des Kopfes Kreuzschildchen u. Wappen. Albizzi (1504). Ors. V. 29 Var. 7,75 Gr. Sehr gut erhalten.

66 Ähnl. desgleichen mit Wäppchen Spini u. ⌇. (1514). Sehr gut erh.

67 **Grossone** mit steh. Apostel. Ors. V. 28. Schön.

68 **Quattrini di Grosso.** Ors. V. 31. 4 Var. Gut erhalten. 4

69 **Carlini** (breite Grossi, Barile) mit der Taufe. 3 Var. mit Wäppchen v. Ant. de Corsini (1510), Fr. Nic. de Capponi (1517) u. Filippo v. Sacchetti. Ors. V. 33 Var. Sehr gut erhalten. 3

70 **Belagerung von 1530. Mezzo scudo.** SENATVS · POPVLVSQ · FLOREN-TINVS · Lilienschild zw. 2 Punkten, darüber ein Kreuz zw. 2 Punkten. Rv. IESVS · REX · NOSTER · ET · DEVS · NOSTER Kreuz, das oben mit einem Dornenkranz geschmückt ist. In d. Winkeln 2 Punkte, N u. Wappen Guicciardini. Ors. V. 36. Maill. S. 42. 2. Schön.

Abgebildet Tafel I.

Alexander I. 1532—1537.

71 **Scudo d'oro.** (Sonne.) · ALEXANDER · MED · DVX · R · P · FLOREN · Gekröntes Wappen Medici. Rv. VIRTVS · EST · NOBIS · DEI · Blumenkreuz in dessen Winkeln 4 Brillantringe. Orsini I. Sehr schön.

72 Desgleichen mit ALEXNDER (sic!) Sehr gut erh.

73 Ähnlicher desgleichen mit · ALEXANDER · MED · — R · P · FLOREN · DVX · im Av. Im Rv. ∴ am Anfang der Umschrift und Engelsköpfe in Ovalen (statt d. Brillantringe) in den Winkeln des Blumenkreuzes. Ors. II. S. g. e.

74 **Testone** (v. Benvenuto Cellini). ALEXANDER · M · — · R · P · FLOREN · DVX · Brustb. n. links. Rv. · S · COSMVS · — · S · DAMIANVS · Die beiden Heiligen von vorn. Ors. III. Schön.

Abgebildet Tafel I.

75 Ähnlicher Testone mit Punkt am Anfang der Av.-Umschrift. Sehr gut erhalten.

76 Ähnlicher Testone mit ALEXANDER · M͡ED · Unbedeutender Doppelschlag im Av., sonst schön. *Abgebildet Tafel I.*

77 **Mezzo Giulio** ($^{1}/_{2}$ Barile). ALEXANDER · MED · R · P · FLOREN · DVX. Das gekr. Wappen. Rv. ⁘ S ⁘ IOANNES · BAPTISTA Brustb. Johann d. Täufers mit Heiligenschein halblinks. Ors. 6. Sehr gut erh.

Cosmus I. 1537—1574.

78 **Scudo d'oro.** (Sonne.) · COSMVS · MED · R · P · FLOR · DVX · II · Gekr. Wappen in spitz zulaufendem Schild. Rv. VIRTVS — EST — NOBIS — DEI Blumenkreuz mit Körnern i. d. Winkeln. Das Kreuz teilt durch seine kugelartigen Enden d. Rv.-Umschrift in 4 Teile. Ors. III. Sehr gut erhalten.

79 Ähnlicher Scudo d'oro mit · FLOREN · statt FLOR · u. ovalem Schild. Sehr gut erhalten.

80 Ähnlicher Scudo d'oro mit (Sonne) COSMVS · M · R · P — FLOR · DVX · II im Av. Neben d. Schild 2 Kugeln. ·⸭· am Anfang der Rv.-Umschrift. Das Kreuz ohne die Kugeln teilt die Rv.-Umschrift nicht. Sehr gut erh.

81 Ähnlicher Scudo d'oro mit (Sonne) COSMVS · M · R · P · — · FLOREN · DVX · II im Av., ·⸭· VIRTVS · EST · NOBIS · DEI im Rv. Sehr gut erh.

82 Ähnlicher Scudo d'oro mit (Sonne) COS · MED · FLOREN · ET SEN · DVX II · im Av. Im Rv. · VIRTVS EST NOBIS DEI · Ors. IV. Var. Sehr gut erh.

83 Ähnlicher Scudo d'oro mit Punkten zwischen den Worten der Rv.-Umschrift. S. g. e.

84 Ähnlicher Scudo d'oro für Siena mit (Sonne) COS · MED · FLOR · ET SENAR · DVX II und ohne Kugeln neben dem Wappen. Rv. ✠ SENA-VETVS CIVITAS VIRGINIS Glattschenkeliges Blumenkreuz o h n e Körner in d. Winkeln. N i c h t bei Orsini. Schön.
Abgebildet Tafel I.

85 Ähnlicher Scudo d'oro mit COSMVS statt COS S. g. e.
Abgebildet Tafel I.

86 **Scudo** 1570. · COSMVS · MED · MAGNVS · DVX · ETRVRIÆ Brustb. nach rechts. Rv. S · IOANNES — ✱ — BAPTISTA · 1570 · Steh. Joh. d. Täufer mit erhobener Rechten, in der Linken den Kreuzstab, in Landschaft mit 2 Bäumen. Zu Orsini VII. Sehr gut erh.

87 Ähnlicher Scudo 1571 mit ✱ COSMVS · MED · MAGNVS · DVX · ETRV-RIÆ · im Av., S · IOANNES · — ✱ — · BAPTISTA · 1571 · im Rv. Zu Ors. VII. Schön.

88 Ähnlicher Scudo 1572. Am Ende der Av.-Umschrift Lilie. Rv. S IOANNES — ✱ — (Lilie) BAPTISTA · 1572 · Zu Ors. VII. S. g. e.

89 Ähnlicher Scudo 1573. Av. wie No. 87. Rv. S · IOANNES · — ✱ — (Lilie) BAPTISTA · 1573 · Zu Ors. VII. Sehr schön.

90 **Mezzo Scudo** 1569. ✱ COSMVS · MED · FLOREN · ET · SENAR · DVX · II Brustb. n. rechts. Rv. · S · IOANNES — · BAPTISTA · Im Abschnitt: · 1569 · Predigender Joh. der Täufer zw. 5 Personen. Ors. VIII. Sehr gut erh.

91 Ähnlicher Mezzo Scudo 1570 mit ✱ COS · MED · MAGNVS · DVX · ETRV-RIÆ im Av., S · IOANNES — ✱ — · BAPTISTA · im Rv. Ors. IX. Gut erh.

92 **Testone** (Stellino) o. J. · COSMVS · M · R · P · FLB' · GEN · DVX · II · Brustb. n. rechts, dahinter ein Stern. Rv. · S · IOANNES — · · BATISTA · Sitzender Joh. d. Täufer v. vorn. Zu Ors. X. S. g. e.

Die merkwürdige Umschrift des Av. rührt daher, dass der Testone augenscheinlich auf eine Münze von Genua geprägt wurde. Auch der Rv. zeigt deutliche Spuren davon.

93 Ähnlicher Testone (Stellino) o. J. Ebenfalls auf eine andere Münze geprägt, aber die Umschrift im Av. deutlich: · COSMVS · M · R · P · FLOREN · DVX · II · und · S · IOANNES · — · BATISTA im Rv. Ors. X. S. g. e.

94 Testone o. J. Umschrift unten beginnend: COSMVS · MED · R · P · FLOREN · DVX · II Bartloses Brustb. n. rechts. Rv. · S · IOANNES · — BATISTA · — ✱ Ors. XI. Von besonders feinem Schnitt. Schön.
Abgebildet Tafel I.

95 Ähnlicher Testone o. J. (Oben rechts beginnend) · COSMVS · M · R · P · — · FLOREN · DVX · II · Das bärtige Brustb. n. r. durchbricht oben u. unten die Umschrift. Rv. · S · IOANNES · — BATISTA Sitz. Joh. d. Täufer. Ors. XII. Sehr gut erh.

96 Ähnlicher Testone o. J. Ohne Punkt am Anfang der Av.-Umschrift. Das Bb. kleiner und teilt nur oben die Umschrift. Rv. · S · IOANNES — BAPTISTA · Ors. XII. Var. S. g. e.

97 Ähnlicher Testone o. J. mit COS · MEDICES · R · P · FLOREN · DVX II · Rv. wie bei Vorigem. Ors. XII. Var. S. g. e.

98 Ähnl. Testoni o. J. COSMVS MED · FLOREN · ET SENARVM DVX II · Rv.-Umschrift wie bei Vorigen. Der halbrechts sitzende Joh. d. Täufer von ganz anderer Zeichnung. Ors. XIV. 2 Var. S. g. e. 2

99 3 weitere Testoni o. J. Wie die Vorigen. Ors. XIV. 3 Var. S. g. e. u. g. e. 3

100 Ähnlicher Testone o. J. mit SENAR · Schön.

101 Testone o. J. COSMVS MED · FLOR · ET SENARVM DVX II · Brustb. r. Rv. SENAVETVS CIVITAS VIRGINIS · Stadtansicht, darüber die Jungfrau in Wolken. Ors. XV. Var. Sehr gut erh.

102 Ähnlicher Testone o. J. mit FLOREN Ors. XV. S. g. e.

103 Testone 1565. Wie No. 98, aber die Jahrzahl im Av. unter dem Bb. Zu Ors. XIV. 2 Var. Sehr gut erh. u. gut erh. 2

104 Ähnlicher Testone 1566. Wie die Vorigen. Zu Ors. XIV. 2 Var. S. g. e. 2

105 Ähnlicher Testone 1567. Mit ✱ COSMVS · M · FLOREN · ET · SENAR · DVX · II im Av., · S · IOANNES · — BA — PTISTA · — ✱ im Rv. Die Jahrzahl unter dem halblinks sitzenden Joh. d. Täufer. Ors. XVI. 2 Var. S. g. e. u. g. e. 2

106 Ähnlicher Testone 1567. Wie Vorige, aber die Av.-Umschrift oben rechts (statt unten links) u. mit ✱ · beginnend. Zu Ors. XVI. Sehr gut erh.

107 Ähnl. Testoni 1570 u. 72. Wie der Vorige, aber die Av.-Umschrift ✱ COS · MED · etc. links unten beginnend. Zu Ors. XVII. S. g. e. 2

108 Ähnlicher Testone 1573. Av. wie Vorige. Rv. S · IOANNES · — · BA — PTISTA · — (Lilie) · Zu Orsini XVII. Sehr gut erh.

109 Desgleichen mit COSMVS · MED · etc. Ors. XVII. 3 Var. Sehr gut erh. 3

110 **Lira.** ✱ COSMVS · MED · R · P · FLOREN · DVX · II · Flaumbärtiger Kopf wie bei No. 94 n. r. Rv. IN VIRTVTE TVA IVDICA ME — ✱ Das jüngste Gericht. Ors. XIX. Schön.

111 Lira von anderem Stempel. Etwas Doppelschlag, sonst schön.

112 Ähnliche Lira mit Punkt statt Stern am Anfang und ohne Punkt am Ende der Av.-Umschrift. S. g. e.

113 **Giulio.** COSMVS · MED · R · P · FLOREN · DVX · II · Wappen. Rv. · IOA · B · PROT · — · E COS · CONS · Im Abschnitt: · DIVIS · Die 2 steh. Heiligen. Ors. XXIII, aber die Darstellung des hl. Cosimus wie bei XXIV. 2 Var. Sehr gut erh. 2

114 Ähnlicher Giulio. Mit ·✦· COSMVS MED · FLOREN · ET SENAR · DVX II im Av. und IOA · B · PROT · — E — COOS · (sic!) CONS · DIVIS · im Rv. Ors. XXIV. Var. Sehr gut erh.

115 Ähnlicher Giulio 1565. ·❦· COSMVS MED · FLORN (sic!) · ET SENAR · DVX II Jahrzahl 15 — 65 neben d. Wappen. Rv. Wie bei Vorigem, aber COS · CCONS · Zu Ors. XXIV. S. g. e.

116 Desgleichen o. J. Mit ·✦· COSMVS MED · FLOR · ET SENAR · DVX II im Av., SENAVETVS CIVITAS VIRGINIS · Ansicht von Siena, darüber in Wolken die Jungfrau im Rv. Ors. XXV. 2 Var. Schön u. s. g. e. 2

117 Desgl. 1571. COS · M · MAGNVS · — DVX · ETRVRIÆ · 1571 · Wappen. Rv. · IOA · B · PRO · — · E · COS CONS · — · DIVIS Die 2 steh. Heiligen. Ors. XXVI (v. 1573). Sehr gut erh.

118 Ähnlicher Giulio 1573. Mit COS · M · MAGNVS ✱ — ✱ DVX · ETRVRIÆ · 1573 · im Av., IOA · B · PROT — · E · COS · CONS etc. im Rv. Ors. XXVI. Sehr gut erh.

119 **Mezzo Giulio.** COSMVS · MED · R · P · FLOR · DVX · II Wappen. Rv. · S · IOAN — NES · B · Der sitz. Joh. d. Täufer v. vorn. Im Abschn.: · ✱ · Ors. XXVII. Gel. S. g. e.

120 Desgl. mit ·✦· COSMVS · M · R · P · FLOREN · DVX · II im Av., · S · IOANNES · – BATISTA und d. sitz. jugendl. Joh. d. T. im Rv. Zu Ors. XXXI. Gut erh.

121 Desgleichen mit dem stehenden Joh. d. Täufer. Ors. XXVIII. S. g. e.

122 **Crazia.** Wappen und steh. Joh. d. Täufer n. l. Ors. XXXIV. 6 Var. 1 gel. S. g. e. 6

123 Desgleichen. COS · MED · FL · ET SENAR · DVX II · Wappen. Rv. ✠ SENAVET · CIVIT · VIRGINIS · Wölfin, Romulus u. Remus säugend. Ors. XXXVII. 3 Var. S. g. e. 3

124 **Quattrino** mit dem steh. kindl. Joh. d. T. Ors. XXXX. 2 Var. S. g. e. u. g. e. 2

125 Ähnlicher Quattrino mit d. Hüftb. Joh. d. Täufers. Ors. XXXIX, aber das Hüftbild n. links statt n. rechts. S. g. e.

126 **Picciolo.** Wappen u. Brustb. Joh. d. T. Ors. XLII. 3 Var. Sehr gut erh. 3

Franz I. 1574—1587.

127 **Scudo d'oro.** FRAN · M · MAGN ✱ DVX ETRVRIÆ II · Wappen der Medici. Rv. VIRTV ∴ S EST — NOBI — S DEI Blumenkreuz. Ors. III. Var. Schön. *Abgebildet Tafel I.*

128 **Scudo** 1574. FRANC · MED · MAGNVS · ETRVRIÆ · DV — X · II ✱ Geh. Brustb. n. rechts. Rv. · S · IOANNES — (Lilie) — ✱ BAPTISTA · unten: 15 — 74 · Steh. Joh. d. T. Ors. V. Var. S. g. e.

129 Scudo 1575. Mit · FRANC · MED · MAGNVS · ETRVRIÆ · DVX · II · * im Av., · S · IOANNES * — (Lilie) BAPTISTA · und Jahrz. 1575 im Rv. Ors. V. Var. Sehr gut erh.

130 Ähnlicher Scudo 1575. Mit * FRAN · M · MAGN · DVX · ETRVRIÆ · II · im Av., · S · IOANNES · — * — (Lilie) BAPTISTA · 1575 im Rv. Ors. V. Var. (M · statt MED ·) Schön.

131 Ähnlicher Scudo 1577. Wie Voriger. Zu Ors. V. Schwach poliert, sonst schön.

132 Probe desselben Scudos in Bronze. Schön.

133 Ähnlicher Scudo 1579. Mit * FRAN · MED · MAG · DVX · ETRVRIÆ · II und · S · IOANNES – BAPTISTA *, unten: * 1579 * Zu Ors. V. Sehr schön.

134 Ähnlicher Scudo 1584. Mit * · S · IOANNES * — * BAPTISTA (Lilie); unten: 1584 Zu Ors. V. S. g. e.

135 Ähnlicher Scudo 1585 mit · S IOANNES * — * BAPTISTA * und unten: · 1585 · Zu Ors. V. Sehr gut erh.

136 **Testone** 1575 mit Brustb. u. sitz. Joh. d. T. Ors. VI. 2 Var. mit u. ohne Punkt nach ETRVRIÆ Schön u. s. g. e. 2

137 Ähnlicher Testone 1577. Wie Vorige, aber das Brustb. grösser. Ors. VII. 3 Var. 4 (1 geh. gew.). Gut u. s. g. e. 4

138 Ähnliche Testoni 1582 u. 83 (2 Var.). Wie Vorige, aber die Rv.-Umschrift oben rechts (statt unten links) beginnend. G. e. u. s. g. e. 3

139 **Giulio** 1578. Wappen u. 2 Heilige. Orsini IX. Hklsp., sonst schön.

140 Giulio 1585 u. ½ Giulio o. J. Ors. X u. XI. S. g. e. 2

Virginia (Tochter Franz I.) u. **Caesar v. Modena.**

141 **Giulio** (auf ihre Vermählung 1586). : VIRGINIA: DVCISSA: MVTINAE: Das gekr. Wappen d. Medici. Rv. CAESAR: DVX: —: MVTINAE REG: C: Das gekr. Wappen der Herzöge v. Modena. Gn. 1396. Gel., sonst sehr gut erh.

Ferdinand I. 1587—1608.

142 **Zecchino** 1595. FER · M · MAG — * — * — D · ETR · III Lilie. Rv. S · IOA · BAP · — · FLOR · PROT · — * Steh. St. Johannes, zu d. Seiten seiner Füsse 15 — 95 Ors. VIII. Var. S. g. e.

143 Ähnl. desgleichen 1595 mit Punkt am Ende der Av.-Umschrift. Gut erhalten.

144 Desgleichen 1596. Av. wie No. 142. Rv. S · IOA · BAP * — · FLOR · PROT · — 1596 Der Kopf d. Heiligen durchbricht den Schriftkreis. Ors. VIII. Sehr gut erhalten.

145 Ähnl. breiter Zecchino 1596. Av. FER · M · MAGN — * * — D · ETRVR · III* Rv. · — S · IOA · BAP — FLOR · PROT · — 1596 * Der Kopf d. Heiligen ragt nur bis an d. Schriftkreis hinan. Nicht bei Ors. S. g. e.

146 Desgleichen 1608 (gewöhnl. Grösse). Av. FER · M · MA · — · D · ETR · III · Rv. · S · IOA · BAP · — · FLOR · PROT · 16 — 08 Sehr gut erhalten.

147 $^1/_8$ **Doppia** o. J. FE · M · MA — DVX · ETRVRI — · III · Brustb. n. r. Rv. DEI · VIRT · VS EST NOBIS Blumenkreuz. Ors. XI. Sehr gut erhalten. *Abgebildet Tafel I.*

148 **Scudo** 1587. ∗ FERD ▾ M ▾ CAR ▾ MAG ▾ DVX ▾ ETRVRIÆ ▾ III ▾ Brustb. n. r., unter d. Armabschnitt: ▾ 1587 ▾ — ∗ Rv. ▾ A ▾ DNO ▾ FACTVM ▾ EST ▾ ISTVD ▾ Stephanskreuz zw. den 6 Kugeln unter Cardinalshut. Ors. XIII. Var. Sehr gut erhalten.

149 Ähnl. desgleichen 1588, mit ETRVRIÆ ▾ im Av. u. Sternchen am Anfange u. Ende der Rv.-Umschrift. S. g. e.

150 Ähnl. desgleichen 1588, mit ▾ FERD ▾ M ▾ CARD ▾ MAGN ▾ DVX ▾ ETRVRIÆ ▾ III ▾ im Av.; unter d. Brustbilde ∗ — ▾ 1588 ▾ — ❁ Schön.

151 Ähnl. desgleichen 1588. Wie Voriger, aber unter d. Brustbilde: 1588 — ▾ ∗ — ❁ Schön.

152 Scudo 1587. ∗ FERD ▾ M ▾ CAR ▾ MAG ▾ DVX ▾ ETRVRIÆ ▾ III ▾ Brustb. n. r. in Cardinalstracht, unter d. Brust: 1587 ▾ Rv. ▾ FILIVS ▾ ME — VS ▾ DILECTVS ▾ Die Taufe. Unediert. Schön.

Abgebildet Tafel I.

153 Desgleichen 1589. Brustb. n. r. in Harnisch. Rv. Taufe, unten: ❁ 1589 ❁ Sehr gut erhalten.

154 Desgleichen ▾ 1591 ▾ Gut erhalten.

155 Desgleichen ⁂ 1593 ⁂ S. g. e.

156 Desgleichen ▪ 1594 ▪ Ors. XIV. Sehr gut erhalten.

157 Desgleichen ▪ 1596 ▪ Fast s. g. e.

158 Desgleichen ▪ 1599 ▪ Der Harnisch hat auf d. Schulter einen Löwenkopf. Rv. mit knieendem Christus. Ors. XV. Schön.

159 Pisaner Scudo 1595. Gekr. Hüftbild n. r. Rv. Mediceischild auf Kreuz. Ors. XVII. Schön.

160 Ähnl. Pisaner Scudo 1601. Ors. XVII. S. g. e.

161 Ähnl. desgl. 1601. FERDINANDVS ▪ A ▪ MED ▪ M ▪ AG ▪ ET ▪ R ▪ DV ▪ X III Geh. Brustb. mit Streitkolben n. r. Rv. IS ▪ ΛINVE ▪ TVSΛ ▪ E ▪ VIΛ ▪ ESIΛISE ▪ ORIΛES (sic!) Wappen wie vorher. 27,05 Gr. Unediert. S. g. e.

Abgebildet Tafel I.

162 Pisaner Scudo 1604. Wie No. 160. Schön.

163 **Testone** 1590. Brustb. n. r. Rv. Sitz. St. Johannes. Ors. XIX. 2 Var. (1 gel.). G. u. z. g. e. 2

164 Ähnl. desgleichen 1599. 2 Var. mit MAG ▪ u. MAGN ▪ DVX ▪ ETRVRIÆ Ors. XX. Var. Gut erhalten. 2

165 **Giulii** 1588, 1590 u. 92 mit (1) u. ohne (2) Cardinalstitel. Ors. XXII u. XXIV. S. g. u. g. e. 3

166 Desgleichen 1599. Brustb. n. r. Rv. Christus u. Annunziation; im Abschnitt: ▪ 1599 ▪ 24 Mm. Viel grösser als Ors. XXV (v. 1607). Gut erh.

167 Ähnl. kleinerer 1605. Jahrzahl im Av. unter d. Brustbild. Sonst wie Ors. XXV. 21 Mm. S. g. e.

168 ½ **Giulio** 1588 mit Wappen u. sitz. Heiligen n. rechts. Ors. XXIX — u. desgl. 1602 (?) mit d. Heiligen v. vorn. Ors. XXX. S. g. u. g. e. 2

169 ¼ **Giulio o. J.** Ors. XXXI (2) — u. Quattrino Ors. XXXVI (6 Var.) S. g. u. g. e. 8

Leopold v. Österreich u. **Claudia.** Tochter d. Vorigen.

170 Tiroler Doppelthaler. Beider Brustb. n. r. Rv. Gekr. Adler. S. schön.

Cosmus II. 1608—20.

171 **Zehn Dukaten** 1610 (Piastro d'oro) v. Gasparo Mola. COSMVS · II · MAGN · DVX · ETRVR · IIII Brustbild in Harnisch u. Spitzenkragen n. rechts, darunter: · 1610 · Rv. FILIVS · MEVS — · — DILECTVS · Die Taufe, unten: 1610. Ors. I. Schön.

Abgebildet Tafel I.

172 **Doppia** o. J. COS · II · MAG · — DVX · ETR · IIII Gekr. Wappen. Rv. NOBIS — · DEI · — VIRTV — S ⁝ EST Blumenkreuz. Ors. II. Var. S. g. e.

173 **Scudo d'oro** o. J. · C(O)SMVS · II · — · MEDICES · Wappen in spitzovalem, oben geschweiften Schild, der oben in einem Ornament ausläuft, darüber ein Stern. Rv. VIRTVS — EST — NOBIS — DEI Blumenkreuz mit Kugeln an d. Enden, welche in die Umschrift hineinreichen. Nahezu s. g. e.

Die ganz abweichende Zeichnung des Wappens lässt eine Klassierung dieser anscheinend ganz unbekannten und isoliert dastehenden Münze unter Cosmus I. nicht zu, sondern beweist, dass die Umschrift nicht auf einem Irrtum beruht, sondern, dass sie wirklich unter Cosmus II. geprägt wurde.

Abgebildet Tafel I.

174 **Scudo** 1610. Brustb. in Harnisch n. rechts, darunter Jahrzahl. Rv. FILI — VS · MEVS · — DILECTVS · Die Taufe. Ors. VI. Sehr schön.

175 Desgleichen 1611. ∗ COSMVS · II · MAG · DVX · ETRV · IIII ∗ Brustb. n. links. Rv. ∗ S · IOANNES · — ∗ — · BAPTISTA · Der steh. Heilige v. vorn, darunter: · 1611 · Ors. VII, aber ohne Jahrzahl im Avers. Schön.

176 Ähnl. desgleichen, mit MAGN im Avers. Gut erhalten.

177 Desgleichen 1613 mit Brustb. n. rechts. Rv. Taufe. Ors. VIII. Schön.

178 Ähnl. desgleichen 1613. Der Kopf anders gezeichnet. Sehr schön.

179 Pisaner Scudo 1613. ∗ COSMVS · II · MAGN · DVX · ETR · IIII ∗ Geh. Hüftbild mit Strahlenkrone n. r., darunter: · 1613 · Rv. · PISA · INVETVSTAE · MAIESTATIS · MEMORIA Wappen auf Kreuz unter Krone. Ors. IX. Var. Schön.

180 Ähnl. breiterer Pisaner Scudo 1620, mit COSMVS · II · MAGN · DVX · ETRV ♦ IIII · im Av., PISA · INVETVSTÆ · MAIESTATIS · MEMO im Rv. Ors. IX. Var. Schön.

181 Desgleichen, mit ETR im Av. und MEMOR im Rv. S. g. e.

182 **Testone** o. J. COSMVS · II · — MAG · D · ETR — · Brustbild n. r. Rv. S · IOANN — ES — BAPTISTA Der steh. Heilige, neben ihm ein Lamm. Randschrift: + HAS · NISI · PERITVRVS · MIHI · ADIMAT · NEMO Ors. X. Schön. *Abgebildet Tafel I.*

Exemplar der Sammlung Orsini; ausser diesem nur noch 2 Exemplare bekannt.

183 Testone 1611. Brustb. n. r., darunter Jahrzahl. Rv. · S · IOANNES · — ∗ — · BA — PTISTA · Der sitz. Heilige. Ors. XIII. S. g. e.

184 Ähnl. desgleichen 1620, mit DVX · E · IIII Etwas knapp, sonst s. g. e.

185 Ähnl. desgleichen ohne Jahr. Ors. XIV. Schön.

186 **Zwitter-Lira** 1609/10. Brustb. n. r., darunter: 1609 Rv. Sitz. St. Johannes, darunter: ·1610· Vgl. Ors. XV. Gut erh.

187 Desgleichen 1620. Brustb. n. r. Rv. Geisselung des Johannes. Ors. XVI. Var. mit MA · DV · E Gut erhalten.

188 **Giulio** 1609. Wappen. Rv. Verkündigung. Ors. XVII. 2 Var. mit MAGN · DVX · ETR · S. g. u. g. e. 2

189 Kleinerer Giulio o. J. Brustb. n. r. Rv. Verkündigung. Ors. XVIII. Gut erh.

190 ½ **Lira** o. J. Wappen u. steh. Johannes d. T. Ors. XIX. Var. m. ETRV G. e.

191 **Crazia** o. J. Wappen u. steh. Heiliger. Ors. XXI. 2 Var. Gut erhalten. 2

Ferdinand II. 1620—70.

192 **Zehn Dukaten** 1628 (Piastro d'oro). FERDIN · II · MAGN · DVX · ETRVRIÆ Brustbild in Harnisch und Spitzenkragen n. rechts, darunter: ∗ 1628 ∗ Rv. · S · IOANNES — ⬩ — BAPTISTA ⬩ Der steh. Heilige v. vorn. Beiderseits 3facher innerer Schriftkreis. Unediert. Sehr schön. Aus m. Auktion Raritäten-Cabinet I. No. 332.

Abgebildet Tafel II.

193 **Doppia** o. J. FERDIN · II · MAG · DVX · ETR Gekr. Wappen. Rv. — VIRTV · — S · EST · — NOBIS — DEI · Blumenkreuz. Ors. I. Var. Sehr gut erhalten.

194 Ähnl. desgleichen mit FERDIN · II · MAGN · DVX · ETRV · V im Av. S. g. e.

195 Desgleichen. Wie Vorige, aber mit VIRTVS (statt VIRTV — S) im Rv. S. g. e.

196 Ähnl. Doppia. Av. FERDI · II · MAG · DVX · ETRV · · V · Rv. VIRTV — S · EST · — NOBIS · — · DEI · Schön.

197 Pisaner Doppia 1644. FERD · II · MAGN · DVX · ETRV · PROVIDE · Kugelkreuz. Rv. ASPICE · PISAS · SVP · OMNES · SPECI · 1644 Madonna in Wolken. Wie Ors. II. S. g. e.

198 Ähnl. desgleichen o. J. Av. ✚ FERDI · — II · MAG · DVX · ETRV · — PROVID Rv. ✚ ASPICE · PISAS · SVP · OMNES · SPECIO Die Madonna kleiner. Ors. III. Var. Schön.

199 Einseitige Kupferprobe einer Pisaner Doppia von einem ungewöhnlich grossen Stempel. ∗ FER · II · MAG · DVX · ETRV · PROVIDE Kugelkreuz. Im Rv. Spuren einer antiken Prägung. Nicht bei Ors. 30½ Mm. S. g. e. *Abgebildet Tafel II.*

200 Zwitter-**Zecchino** 1614 (sic!). FER · II · MA — · DVX · ETRV Lilie. Rv. S — · IOAN · BAPT · — FLOR · PROT · 1614 Steh. Heilige. Unediert. S. g. e. *Abgebildet Tafel II.*

201 ¼ **Doppia** 1663. FERD · II · M · D · ETRVR · V · Gekr. Wappen, oben neben d. Krone: 16 — 63 Rv. · S · IOANNES BA — PTIST Brustb. des Apostels m. Kreuz v. vorn. Ors. VIII. Schön.

Abgebildet Tafel II.

202 Ähnl. desgleichen 1668, mit ETRV im Av. u. BAPTIS · im Rv. Das Brustb. d. Apostels ohne Kreuz. Sehr schön.
Abgebildet Tafel II.

203 $^1/_8$ **Doppia** o. J. Wappen. Rv. Brustb. Johannes d. T. Ohne Umschriften. Ors. IX. S. g. e.

204 Zwitter-**Scudo** 1625/26. FERDIN · II · MAGN · DVX · ETRVRIÆ Brustb. n. rechts, darunter: 1625 Rv. · S · IOANNE — S · — B — APTISTA · Der steh. Heilige v. vorn, darunter: ∗ 1626 ∗ Nicht bei Ors. (vgl. XI). Sehr gut erhalten.

205 Ähnl. Scudo 1628. Jahrzahl nur im Avers. Zu Ors. XII (v. 1634). Schön.

206 Ähnl. desgleichen 1629 mit Punkt nach ETRVRIÆ Im Rv. IOANNES—·— BAPTISTA · Im Av. leicht oxydiert, sonst schön.

207 Ähnl. desgleichen 1630. Av. Kein Punkt nach ETRVRIÆ Rv. · S · IOANNE — S — B — APTISTA · Beiderseits Jahrzahl, im Rv. 1630 Nicht bei Ors. Sehr gut erhalten.

208 Ähnl. desgleichen 1635. Av. · FERD · II · MAGN · DVX · ETRVRIÆ Rv. ∗ S ∗ IOANNES ∗ — ∗ BAPTISTA ∗ Jahrzahl nur im Revers. Leicht poliert, sonst schön.

209 Ähnl. Zwitter-Scudo 1638/35. Av. · FERD · II · MAGN · DVX · ETRVRI · Unter d. Brustb.: · 1638 · Rv. ∗ S ∗ IOANNE — S ∗ — ∗ BAPTISTA ∗ ∗ 1635 ∗ Schön.

210 Ähnl. Scudo 1642. Av. ETRVR und unter d. Brustbild 1649 Rv. Wie vorher u. Jahrzahl · 1642 · Sehr gut erhalten.

211 Pisaner Scudo 1621. FERDIN · II · MAGN · DVX · ETRV · V · Geh. Hüftbild n. rechts mit Strahlenkrone u. Scepter. Rv. PISA · INVETVSTÆ · MAIESTATIS · MEMO · Wappen auf Kreuz unter Krone. Ors. XV. Schön.

212 Ähnl. Scudo 1621 mit grösserem Hüftbild und auch verschiedenem Revers. Sehr gut erhalten.

213 Scudo 1666. · FERDINANDVS · II · MAG · DVX · ETR · V · Kopf n. r. mit Strahlenkrone; unten: 1666 Rv. ET PATET ET FAVET ♦ Hafen von Livorno. Ors. XVIII. S. g. e.

214 Scudo 1665. ✚ FERDINANDVS II — MAG · D · ETR · V ✚ Mediciwappen in gekr. Cartouche; unten Jahrzahl weg retouchiert und nur schwach sichtbar. Rv. GRATIA OBVIA VLTIO QVÆSITA Rosenstrauch; unten: ♦ LIBVRNI ♦ Ors. XIX. S. g. e.

215 **Mezzo Scudo** 1624. Beiderseits Jahrzahl. ∗ FERD · II · MAGN · DVX · ETRVRIÆ ∗ Brustbild n. rechts, darunter: 1624 Rv. · S · IOANNES · BAPT · FILS · ZACCHERI St. Johannes u. St. Zacharias. Im Abschnitt: ∗ 1624 ∗ Ors. XX. Var. Sehr schön.

216 Desgleichen 1624, mit ZACCHERIE im Rv. Ors. XX. Gut erhalten.

217 **Testone** 1621. · FERD · II · MAGN · DVX · ETR · V Brustb. n. r., darunter: 1621 Rv. · S · IOANNES · — · — · BA — PTISTA · Der sitz. Heilige. Ors. XXII. S. g. e.

218 Testone 1621 mit BAPTIST Im Rv. kleiner Fehler im Schrötling, sonst schön.

219 Desgleichen 1621. Av. mit ETR · V · Der Kopf ragt in d. Schriftkreis hinein. Rv. mit BA — PTIST · Kleines Loch, sonst s. g. e.

220 Ähnl. desgleichen 1621. Fast wie Voriger, aber von anderen Stempeln. Gut erhalten.

221 Ähnl. desgleichen 1621, mit ET · V im Av. S. g. e.

222 Ähnl. desgleichen 1621 mit etwas kleinerem Kopf. S. g. e.

223 Ähnl. desgleichen 1621. Av. wie vorher. Rv. mit · BA — PTISTA · Sehr gut erhalten.

224 Ähnl. desgleichen 1624. Av. mit DVX · ETR Rv. mit · BA — PTIST · Schön.

225 Ähnl. desgleichen 1631. Av. mit ETRV Brustbild mit S p i t z e n kragen. Rv. mit BA — PTISTA Ors. XXIII. Var. Sehr gut erhalten.

226 Ähnl. desgleichen 1634, breiter. Rv. mit BA — PTISTA · Leichte Henkelspur, sonst sehr gut erhalten.

227 Ähnl. Testone 1636. Jahrzahl im Rv. FERD · II · MAGN · DVX · ETRV Brustb. mit g l a t t e m Kragen n. r. Rv. S · IOANNE – S – · BA – PTISTA · Jahrzahl 1636 · unter d. Heiligen. Ors. XXIV. Sehr gut erhalten.

228 Ähnl. desgleichen 1636 mit s c h m ä l e r e m Brustb. Schön.

229 Ähnl. desgleichen 1636 mit ETVR (sic!) im Av. Brustb. wieder breiter. Rv. · S · IOANNES · — BAP — TISTA S. g. e.

230 Ähnl. desgleichen 1636. Das R von ETVR wird zur Hälfte von dem Brustbild bedeckt u. auch der Rv. von anderem Stempel. S. g. e.

231 Ähnl. desgleichen 1636, mit ETV im Av. S. g. e.

232 E i n s e i t i g e Probe in Silber (v. G. Mola) v. Avers eines Testone. FERDINANDVS · — II · MAG · DVX ETRVR Jugendl. Brustb. n. rechts in Harnisch mit Ordenskreuz auf d. Brust. Zierlicher Stempel. S. schön.

Abgebildet Tafel II.

233 **Lira** o. J. FERD · II · MAGN · DVX · ETRV Brustb. n. rechts. Rv. VT · TESTIM — ONIV · PERH Geisselung Johanni. Ors. XXX. Var. Gut erh.

234 **Giulio** 1660. Gekr. Wappen. Rv. Verkündigung. 2 Var. mit · 1660 · u. + 1660 + Zu Ors. XXXIII (v. 1658). Gut erhalten (einer gelocht). 2

235 **Carlino** o. J. à 10 Soldi. · FERD · II · M · — DVX · ETR · — SOL · X Lilie unter Krone. Rv. S · IOANNES — · BAPTISTA · Der steh. Heilige. N i c h t bei Ors. (vgl. Ors. XXXV). S. g. e.

Abgebildet Tafel II.

236 **Mezza Lira** ($^1/_{16}$ tallero) 1664 u. 1665 (rückläufig). Gekr. Brustbild. Rv. Gekr. Wappen. Zu Ors. XXXVI. S. g. u. g. e. 2

237 ¼ **Giulio.** Brustb. u. Blumenkreuz. Ors. XXXIX. G. e.

Christine v. Lothringen, Witwe Ferdinand II., Regentin v. Monte Pulciano.

238 **Testone.** am 28. Sept. 1630 aus d. Ausbeute der Silberminen von Pietrasanta geprägt. CHRIST · LOTH · M · D · ETRVR · D · M · P Ihr verschleiertes Brustb. n. r.

Rv. MONETA · NOVA · FLORENT · CVSA Gekr. Lothringer Wappen, darüber: 16—30 Ursprünglich im Raritäten-Kabinet m. Auktion 1898 No. 331. Ors. T. 19. 26. Sehr gut erhalten.
Abgebildet Tafel II.

Nicolaus Franz v. Lothringen-Vaudemont, Neffe Ferdinand II.

239 **Testone** 1635, wohl wie d. Vorige im Kgl. Palast von Sevarezza aus d. Silberausbeute der Minen seiner Tante geprägt. NFRANC · D · G DVX LOTH · MARC · D · C — B — C · ‡ · Brustb. n. r. Rv. MONETA · NOVA · FLORENT · CVSA · Gekr. Lothringer Wappen, darüber: 16 — 35 Ors. T. 19. 27. Exemplar d. Sammlung Gnecchi. S. g. e.
Abgebildet Tafel II.

Cosmus III. 1670—1723.

240 **Doppia d'oro** 1716. COSMVS · III · D · G · M · DVX · ETRVR · 1716 · Wappen. Rv. VIRTVS · EST · NOBIS · DEI · Blumenkreuz. Ors. III (v. 1711). Sehr gut erhalten.
Abgebildet Tafel II.

241 **Pezza d'oro** für Livorno 1717. COSMVS · III · D · G : — · M · DVX · ETRVR · 1717 · Wappen. Rv. GRATIA · OBVIA · VLTIO · QVAESITA · LIBVRNI · Rosenstrauch. Ors. V (v. 1718). Schön.

242 Desgleichen 1718. Ors. V. Sehr schön.

243 Ähnliche ½ **Pezza d'oro** 1718 für Livorno. Wie Vorige. Ors. VI (v. 1720). Sehr gut erhalten. *Abgebildet Tafel II.*

244 **Fiorino d'oro** (Zecchino) 1723. COSMVS · III · D · — · G · M · DVX · ETR · Lilie. Rv. · S · IOANNES · BA — PTISTA · 1723 Nach l. sitzender Joh. d.T. Ors. VIII (v. 1719). Sehr gut erh.

245 **Ungaro** (Zecchino) 1676 für Livorno. COSMVS · III · D · G · M — AG · DVX · ETRV · VI Steh. Grossherzog n. r. Rv. AD / BONITATE / AVREI / HVNGARIC / LIBVRNI / · 1676 · in verzierter Cartouche. Ors. X. Sehr gut erh.

246 Ungaro (Zecchino) o. J. Wie Voriger, aber D · G — MA · Rv. FACTIS — EXTENDERE Fama über Erdkugel. Ors. —. Köhler 2519. S. g. e.
Abgebildet Tafel II.

247 **Scudo** 1676. COSMVS · III · D · G · M · MAG · DVX · ETRVRIAE · VI Geh. Brustb. n. r., darunter: ❁1676❁ Rv. FILIVS MEVS — DILECTVS Taufe. Ors. XI (v. 1677). Schön.

248 Ähnliche Scudi 1676. Ors. XI (v. 1677, aber MA · DV · statt MAG · DVX ·). 2 Var. S. g. e. 2

249 Ähnlicher Scudo 1677 mit MAG · DVX · Ors. XI. Sehr schön.

250 Ähnliche Scudi 1678 u. 79. Ors. XI (v. 1677). Schön u. s. g. e. 2

251 Scudo 1680. Wie Vorige, aber mit innerem Perlkreis u. breiterem Brustb. Ors. XIII. Schön.

252 Ähnlicher Scudo 1680, aber ETRV: statt ETRVR · und das Brustb. teilt oben die Umschrift. Strichkreis statt Perlkreis. Sehr gut erh.

253 Scudo 1684. Ors. XIV. S. g. e.

254 Scudo 1684, im Ringgeprägt. Rv. Sitzender Joh. d. T. Randschrift: ∗ IPSA ∗ SVI ∗ CVSTOS etc. Ors. XV. Schön.

255 **Tollero** 1670 für Livorno. Gekröntes Brustb. Rv. ET PATET ET FAVET ♦ Hafen von Livorno. Ors. XVI. S. g. e.

256 Ähnliche Tolleri für Livorno 1683 u. 85. Ors. XVII (v. 1694). S. g. e. 2

257 Desgleichen 1699 u. 1704. S. g. e. u. schön. 2

258 Tolleri für Livorno 1707 u. 1711. Ungekr. Brustb. Rv. ET PATET — ET FAVET ♦ Zweitürmiges Kastell unter Krone, darunter: · FIDES · Ors. XVIII (v. 1707). Schön u. s. g. e. 2

259 **Pezza della rosa** 1707 für Livorno. Gekr. Wappen. Rv. · GRATIA OBVIA VLTIO QVAESITA · Rosenstrauch, darunter: LIBVRNI Ors. XX. Schön.

260 Zweites Exemplar. Gut erh. u. desgl. 1718. S. g. e. 2

261 **Mezzo Scudo** 1676. Brustb. Rv. S · IOANNES BAPTIS: — FI: ZACHARIAE Taufszene. Im Abschnitt: · 1676 · Ors. XXI. S. g. e.

262 Ähnlicher Mezzo Scudo 1676, aber BAPTISTA S. g. e.

263 ½ **Tollero** 1683 für Livorno. Gekr. Brustb., darunter Jahrzahl. Rv. PRAESIDIVM: ET · DECVS Schiff. Im Abschnitt: LIBVRNI / · 1683 · Ors. XXII. S. g. e.

264 **Kupferprobe** des vorigen Tollero. Zu Ors. XXII. Sehr schön.

265 **Mezza pezza della rosa** 1697 für Livorno. Typus von No. 259. Ors. XXIII. Sehr gut erhalten.

266 **Testone** 1676. Brustb. u. Joh. d. Täufer. Ors. XIV. 2 Var. m. MAG · u. MA · S. g. e. u. schön. 2

267 Ähnlicher Testone 1677. Ors. XXV. Schön.

268 **Quarto di Tollero** 1683 für Livorno. Gekr. Brustb. n. r. Rv. Festung mit 2 Türmen, darüber: FIDES, darunter: 1683 Ors. XXVI. S. g. e.

269 **Quarto di pezza della rosa** 1699 für Livorno. Gekr. Wappen. u Rosenstrauch. Ors. XXVII. S. g. e.

270 **Lira** 1677. Brustb. u. Enthauptung Joh. d. T. Ors. XXIX. 2 Var. Gut erh. 2

271 **Giulio** 1676. Gekrönt. Wappen u. Verkündigung. Ors. XXX. Sehr gut erh.

272 Giulio 1677. Zu Ors. XXX, aber ETR · (st. ETRVRIÆ) u. d. Säule hinter d. Maria. 2 Exempl. 1 gelocht. Sehr gut u. gut erh. 2

273 ½ **Giulio** 1676. Wappen u. sitz. Joh. d. T. v. vorn nebst Pisaner Grosso 1714 m. Bb. d. Mad. u. Kreuz. Ors. XXXIII u. XXXIV. S. g. e. 2

274 **Mezzo grosso.** Kreuz u. Brustb. Joh. d. T. Ors. XXXV. S. g. e.

275 **Soldi** (3 Quattrini) 1681 u. 1710. Gekr. Wappen u. Blumenkreuz. Ors. XXXVI (v. 1712). S. g. e. 2

276 **Mezza Crazia** (2½ Quattrini) 1712 u. 1715. Gekr. Monogramm u. Lilie. Ors. XXXVII. G. e. 2

277 **2 Quattrini** 1680 u. 82. Wappen u. Blumenkreuz. Ors. XXXVIII. S. g. e. 2

278 Desgleichen. Wappen u. Joh. d. T. Ors. XXXIX. G. e.

Johann Gasto. 1723—1737.

279 **Ruspone** (Fiorino d'oro da tre). IOAN · GASTO · I · D · G · M · DVX · ETRVRIAE · Lilie. Rv. S · IOANNES — ✠ BAPTISTA · 1724 · Joh. d. T. sitzend. Ors. I. Sehr gut erh.

280 **Zecchini** 1724 u. 1726. Lilie u. sitz. Joh. d. T. Ors. II (v. 1734). Sehr gut erh. u. sehr schön. 2

281 **Mezzo zecchino** 1726. Lilie u. Brustb. Joh. d. T. Ors. III. Var. mit S · IOANNES · BA — PTISTA Schön.

282 Ähnlicher Mezzo zecchino 1726. Mit S · IOAN — NES · BAPTISTA im Rv. Sehr gut erh.

283 Probe in Bronze eines ähnlichen Mezzo zecchino 1726 mit S · IOANNES · BAPTISTA Sehr schön.

284 Mezzo zecchino 1726. IO · GASTO · I · D · G · M · DVX · ETR · Lilie. Rv. S · IOANNES · — BAPTISTA · 1726 · Der sitz. Apostel n. links. Ors. IV. Sehr gut erhalten.

Abgebildet Tafel II.

285 **Tollero** 1723. IOAN · GASTO · I · D · G · MAG · DVX · ETRVR · VII · 1723 · Geh. Brustb. n. r. Rv. ET PATET — ET FAVET Zweitürmiges Kastell unter Krone, darunter: · FIDES · / ✖ Ors. V (v. 1726). Schön.

286 Ähnlicher Tollero 1724. Das Brustb. etwas schmäler, sonst wie Voriger. Sehr gut erh.

287 **Crazia.** Gekr. Wappen u. steh. Joh. d. T. Ors. IX. 1 schön, 2 sehr gut erh. 3

Franz III. 1737—65.

288 **Cinque Paoli** (½ Thaler) 1738. Belorb. Brustb. r. Rv. Gekr. Wappen. Zu Ors. VIII. 2 Var. Sehr gut erh. 2

Peter Leopold I. 1765—90.

289 **Scudi** 1771, 1777 u. 1790. (2 Var.) Meist schön. 4

290 **Mezzo scudo** 1787 u. **Lira** 1788. S. g. e. 2

Ferdinand III. 1790—1801.

291 **Zecchino** 1794. Lilie u. sitz. Joh. d. T. Schön.

292 Zecchino 1816. Wie Voriger. Stempelglanz.

293 **Lira** 1791. Brustb. u. Wappen. Sehr schön.

Ludwig I., König v. Etrurien 1801—1803.

294 **Francescone** (Thaler) 1803. Brustb. u. Wappen. Gut erh.

Carl Ludwig u. Marie Luise. 1803—1807.

295 1 ½ **Scudi** (10 Lire) 1807 u. ¾ **Scudo** (5 Lire) 1804. Brustbr. übereinander. Rv. Gekr. Wappen. Schön. 2

296 **Scudo** (Francescone) 1807. Brustbr. gegenüber u. **Lira** 1806. S. g. e. u. schön. 2

Leopold II. 1824—59.

297 **Scudo** 1856, Fiorino 1856, ½ Fiorino 1827, Paolo 1858, ¼ Fiorino 1827, ½ Paolo 1857, 10 Quattrini 1853 u. 1 Quattrino 1854. Meist schön. 8

Provisorische Regierung 1859.

298 Fiorino. Lilie. Rv. Löwe mit Fahne. Schön.

Antignate.

299 **Giovanni Bentivoglio II.** 1494—1509. Testone. IOANNES · BENTIV — OLVS · II · BONONIENSIS ✤ Brustbild m. Mütze n. rechts. Rv. MAXI-MILIANI — IMPERA · MVNVS Behelmtes 4feldiges Wappen; über d. Helm d. einköpfige kaiserl. Adler. Cat. Gnecchi 100. Sehr schön.
Abgebildet Tafel II.

300 Bajocco (Kupfer) 1494. IOANNES · BENTIVO — LVS — II · BONO-NIENSIS Erhabenes Brustb. m. Mütze n. r. Rv. · M̃A / XIMILIANI · / IMPERATORIS / · MVNVS · / MCCCCLXXXX / IIII 28 Mm. Gn. 106. Gel., sonst schön.

Bologna.

301 Bolognino mit Titel Kaiser Heinrich VI. S. g. e.

302 **Kaiser Carl V.** Testone o. J. IMP · CAES · CAROLVS · V · AVG Belorb. Kopf n. rechts. Rv. 2 Säulen im Meer, durch ein Band verbunden, auf welchem die Inschrift: PLVS VLTRA Rossi 437. Gn. 448. Schön.

303 Desgleichen auf seine Kaiserkrönung 24. Februar 1530. · CAROLVS · V · IMPERATOR · Gekröntes Brustb. n. links. Rv. 2 Säulen im Meer, von Lorbeerkranz umgeben. Im Felde MD — · — XXX 10 Gr. Schön.
Abgebildet Tafel II.

Carmagnola.

304 **Ludovico II. di Saluzzo.** 1475—1504. Cornabo. Brustb. m. Mütze n. links. Rv. Der hl. Constantius zu Pferd n. r. Gn. 780. S. g. e.

305 **Michele Antonio.** 1504—28. Cavalotto. Behelmtes Wappen. Rv. Der hl. Constantius zu Pferd n. r. Gn. 787. Schön.

Casale.

306 **Guglielmo II.** 1494—1518. Cavalotto. (Kl. Kopf d. hl. Evaxius v. vorn.) GVIL ∘ MA ' ∘ MONTFERATI ∘ ZC' Brustb. m. Mütze n. links, dahinter ein Ringchen. Rv. × S × — TEODORVS Der Heilige zu Pferd n. links, einen Drachen tötend. Zu Promis IV. 8. Gn. 829. Schön.

307 **Giangiorgio.** 1530—33. Testone. (Köpfchen) IO · GEORGIVS · M · MON-TIS · FERRATI Brustb. m. Mütze n. links. Rv. (Köpfchen) VICARIVS — IMPERATO Lieg. Hirsch n. links, am Halse d. Wappen. Promis VII. 4. Rossi 833. Gn. 856. Schön.

Ferrara.

308 **Ercole I.** 1471—1505. Testone. HERCVLES · DVX · FERRARIAE · II · Kopf n. links. Rv. Ohne Schrift. Reiter n. rechts. Gn. 1282. Sehr schön.
Abgebildet Tafel II.

309 Ähnlicher Testone mit HERCVLES · DVX · FERRARIAE :· (also ohne II). Bellini p. 138. III. Gn. 1281. S. g. e.

310 Desgleichen. HERCVLES · FERRAR · DVX · II · Kopf n. rechts. Rv. Ohne Schrift. Hydra. Bellini p. 163. I. Schön.

311 Mezzo Testone (Grossone). ✠ HERCVLES · DVX · FERRARIE Brustb. n. links. Rv. ✠ ● DEVS · FORTITVDO · MEA ● St. Georg zu Pferd n. rechts, d. Drachen tötend. Bell. p. 134. I. Gn. 1285 u. 86. Var. S. schön.

312 **Alfonso I.** 1505—34. Scudo d'oro. (Kl. Sonne) · ALFONSVS DVX FERRARI · III · Wappen. Rv. ✠ IN HOC SIGNO VINCES · Kreuz etc. auf Bergesspitze. Bell. p. 192. IV. Schön.

313 Ähnlich desgleichen ohne Punkte am Anfang u. Schluss d. Av.-Umschrift. Schön.

314 Testone. · ALFONSVS · DVX · FERRARIAE · III · Brustb. n. links. Rv DE FORTI DVLCEDO Simson n. links sitzend. Bell. p. 169. Gn. 1297. Sehr schön. *Abgebildet Tafel II.*

315 Ähnl. Testone mit bärtigem Brustbild u. mit · ALFONSVS · DVX · FER · III · S · R · E · CONF ✠ im Av., DE FORTI DVLCEDO im Rv. Bellini p. 191. I. Sehr schön.
Abgebildet Tafel II.

Genua.

316 **Republik.** 1149—52. Genovino d'oro. ✠ ● I ● A ● N ● V ● A ● (Muschel) ● Stadttor. Rv. ✠ CVNRADVS · RGX Kreuz. Av. Desimoni 118. Rv. Des. 120. Schön.

317 **Gabriele Adorno,** V. Doge. 1363—70. Genovino d'oro. Av. ✠ DVX : IANVENSIVM · QVINT' · Stadttor in verziertem Achtpass. Rv. ✠ CON-RADV · RGX · ROMANORVM Ⴤ Kreuz in verz. Achtpass. Des. 353–363 Var. S. g. e.

318 **König Carl VI. v. Frankreich.** 1396—1409. Patacchina. Geteiltes Wappen Frankreich-Genua. Rv. Kreuz. S. g. e.

319 **Filippo Maria Visconti,** Herzog v. Mailand. 1421—35. Genovino d'oro mit d. Schlange über d. Stadttor. Av. Des. 514. Rv. ✠ ⁝ CONRADVS ⁝ RGX ⁝ ROMAN ⁝ L ⁝ Des. —. Sehr gut erh.

320 Desgleichen. Des. 512, aber ROMANO: im Rv. Schön.

321 **Tommaso Campofregoso.** XXI. Doge. 1436—42. Genovino d'oro. Des. 560, mit 3 Ringchen am Ende d. Av.-Umschr. Sehr schön.

322 **Battista Campofregoso.** XXX. Doge. 1478—83. Genovino d'oro mit Zirkel über dem Stadttor. Des. 759. Schön.

323 **Antoniotto Adorno.** 1522–27. Testone. Stadttor u. Kreuz. Des. 1000. S. g. e.

324 *Unter den Dogen mit zweijähriger Amtsdauer (Dogi biennali).* 1528—41. Scudo d'oro del sole. Mzz. CG Des. 1107. Schön.

325 Mezzo scudo largo (breiter Halbscudo) 1683. Des. 1870. S. g. e.

326 **Revolutionsperiode** 1792—97. Scudo (8 Lire) 1797. Gekr. Kreuzschild. v. 2 Greifen geh. Rv. Joh. d. T. D. 2255. Schön.

Lucca.

327 Scudi 1741, 43 u. 47. Gekr. Wappen. Rv. Der reit. hl. Martin u. d. Bettler. S. g. e. 3

328 Desgleichen 1756. Das Wappen von 2 Luchsen gehalten. S. g. e.

329 **Felix u. Elisa.** 5 Franchi 1808 — nebst Giulio 1726. S. g. e. 2

Mantova.

330 **Francesco II.** 1481—1519. Testone. FR · MAR · MANTVE · IIII Kopf m. langem Haar n. links. Rv. (Kl. Monstranz) D · PROBASTI · ME · ET · COGNO · M · Schmelztiegel im Feuer. Zu R. 2036 u. Gn. 2083. Schön. *Abgebildet Tafel III.*

331 **Ferdinando.** 1612—26. Doppia da due 1613. FER · CAR · D · G · DVX — M · VI · E · M · F · IIII · Brustb. in Cardinalsbarett n. links, darunter: GASP · M · Rv. NIHIL ISTO T — RISTE RECEPTO 2 Engel halten eine Monstranz. Im Abschnitt: · 1613 · Zu R. 2092 u. Gn. 2154. S. schön. *Abgebildet Tafel III.*

332 **Vincenzo II.** 1626—27. Scudo 1627. Geharn. Brustb. n. links, darunter: 1627 Rv. Hund n. links. Gn. 2185. Schön.

333 **Carlo I.** 1627—37. Notthaler o. J. Schmelztiegel. Rv. Der hl. Andreas v. vorn, im Abschnitt: · MANTVÆ · R. 2135. Portioli 1 à 3. Gn. 2201. Sehr gut erh.

334 **Maria e Carlo II.** Scudo o. J. 2 Brustbr. n. links. Rv. Hüftbild d. Madonna mit d. Kind v. vorn. Gn. 2214. Sehr schön.

Masserano.

335 **Ludovico II. Fieschi.** 1528—32. Testone. Brustb. n. r. Rv. Thron. Heiliger v. vorn über Adler. Gn. 2304. Leichte Henkelspur. S. g. e.

Messina.

336 **Carlo V.** Testone (4 Tari) 1555. Gekr. Brustb. n. r. Rv. Gekr. Adler n. r. Heiss T. 128. 41. Gn. 2451. Gut erh.

337 Ähnl. desgl. Anstatt der Wertzahl 4 sind 4 Ringchen unter d. Brustb. Jahrz. (1554 ?) knapp, sonst schön.

338 3 Tari Æ 1555. Gekr. Brustb. n. r., darunter Wertzahl 3. Rv. Kreuz mit Flammen u. Kronen an d. Enden. Jahrzahl in Av.-Umschr. Nicht b. Heiss u. Gn. S. g. e.

339 Ähnl. desgl. 1552. 3 Ringchen unter d. Brustb. Jahrzahl in Rv.-Umschr. S. g. e.

Milano.

340 **Giov. Gal. Mar. u. Ludovico Mar. Sforza.** 1481—94. Testone. (Köpfchen) IO GZ M SF VICECO DVX MLI SX Brustb. n. rechts. Rv. (Köpfchen) LVDOVICVS PATRVVS GVB'NANS Brustb. n. r. Gnecchi 5 Var. Schön.

341 Ähnlicher Testone, kleiner u. mit kleineren Brustbildern. Av. (Köpfchen) IO GZ' M' SF' VICECO' DVX' MLI' SX' Rv. (Köpfchen) LVDOVICVS' — PATRVVS' GVB' NANS Gn. 5. Schön.

342 **Carlo V.** Testone. IMP · CAES · CAROLVS · V · AVG Belorb. Brustb. n. r. Rv. SALVS · AVG — VSTA — PADVS MLI Der lieg. „Po" vor d. steh. „Salus". Gn. 15. S. g. e.

343 Mezzo Testone. ·IMP·CAES·CAROLVS·V·AVG· Belorb. Brustb. n. r. Rv. OB/INSVB/RIAM/SERVA/TAM in einem Eichenkranze. Gn. 21. S. g. e.

344 **Filippo II.** Ducatone o. J. PHILIPPVS · REX · HISPANIARVM · Geharn. Brustb. n. r. Rv. DVX · MEDIO — LANI · ETC' · Gekr. 4feld. Wappen (Adler u. Schlange). Gn. 32. Schön.

345 Ähnl. desgleichen 1598. Gn. 48. Schön.

346 Governo provvisorio 1848. 5 Lire. Gn. 3. Schön.

Mirandola.

347 **Ludovico II. Pico.** 1550—68. Scudo d'oro. LVDOVICVS · P · II · MIR· CON · Q · DNS · Wappen unter kl. Sonne. Rv. ✠ IN · TE · DOMINE · CONFIDO Verziertes Kreuz m. Blumen in d. Winkeln. S. g. e.

Montalcino.

348 **Republik** (unter Henri II. v. Frankreich). 1555—59. Parpagliola 1556. ✠ · R · P · SEN · IN MONTE · ILICINO Wölfin m. d. beiden säugenden Zwillingen, darunter: 1556 Rv. (A) · HENRICO · II · AVSPICE · Lilienkreuz. Gn. 3453. Schön.

349 Quattrino. ·:· R · P · SEN · IN · M · ILLICINO Im Felde S Rv. ⁘ HENRICO · II · AVSPICE Im Felde: LI / BE · RT / AS Gn. 3456. Gut erh.

Napoli.

350 **Carlo V.** Testone. Belorb. Brustb. n. r. Rv. Wappen auf gekr. D.-Adler. Heiss 128. 57. 2 Var. mit CAROLVS · V u. IIII Schön. 2

351 Grosso (½ Testone). Gekr. Brustb. n. r., dahinter: R Rv. Vliess unter 2 Lorbeerzweigen u. über Rosette. H. 128. 47. 2 Var. mit V u. IIII S. g. e. 2

352 Desgleichen mit belorbeertem Kopf n. r. u. dahinter Monogramm IBR H. 60. Schön.

353 **Filippo II.** Testone. 2 Var. mit gekr. u. ungekr. Brustb. Rv. Wappen. H. 130. 7 u. 8 — nebst 5 Grana 1838. Schön. 3

Parma u. Piacenza.

354 **Ottavio Farnese.** 1547—87. Mezzo Scudo. OCTAVIVS FAR PAR ET PLA DVX · II Brustb. in reichverziertem Harnisch v. vorn, mit linksgewandtem Kopfe. Rv. ISTIS — 1574 — DVCIBVS Die 3 Grazien. Zan. 78. Gn. 3877. Sehr schön. *Abgebildet Tafel III.*

355 **Odoardo Farnese.** 1622—46. Doppia da due (4 Zecchini) 1626. · ODOAR: FAR: PL: · ∗ E · PAR: DVX · V · Brustb. n. r. Rv. PLAC — EN — TIA · FLORET · Wölfin n. links, vor 3 Lilien unter Krone. Abschnitt: · MDCXXVI · / · L · X · Gn. 4083. Sehr schön.
Abgebildet Tafel III.

356 **Maria Luisa d'Austria.** 5 Lire 1815. Kopf n. l. Rv. Wappen — nebst republ. Grosso v. **Perugia.** S. g. e. 2

Roma.

357 **Alessandro VI.** 1492—1503. Giulio v. Ancona. Wappen u. 2 Apostel. Cinagli 18. S. g. e.

358 **Giulio II.** 1503—13. Desgleichen v. Rom. ∘ IVLIVS ∘ II ∘ — ∘ PONT ∘ MAX ∘ Wappen. Rv. PE · APLVS · PAV · DOC · GENTIVM — RO Die beiden Apostel u. zwischen ihnen unten Dreizack u. ∘ Cin. 24. Schulte („Die Fugger u. die päpstliche Münze") 12. Schön.

359 **Leone X.** 1515—21. Doppio Zecchino. · — · LEO · X · — · PONT · MAX — · Wappen. Rv. NAVIS · AETERNAE · SALVTIS · Die beiden Apostel im Schiff. Cin. 2. Sehr schön.
Abgebildet Tafel III.

360 Zecchino. · LEO PAPA · — · DECIMVS · Wappen in eckig gebogenem Schilde. Rv. ✠ SANCTVS · PETRVS · ALMA · ROMA Fischzug Petri. Cin. 7. Sehr schön.

361 ½ Grosso. Wappen. Rv. Der Apostel Petrus bis zum Knie. Cin. 90. S. g. e.

362 **Clemente VII.** 1523—34. Zecchino. ∘ CLEMENS ∘ VII ∘ — ∘ PONT ∘ MAX ∘ Wappen. Rv. ✠ SANCT ∘ PETRVS — ALMA ∘ ROMA Fischzug Petri, unten Mzz. F auf Ring. Cin. 7 Var. Schulte 58. Sehr schön.

363 Doppio Giulio (v. Cellini). (Blümchen) CLEMENS · VII · PONT · MAX Bärtiges Brustb. n. links, auf d. Kragen 2 Heilige. Rv. (2 gekr. Stäbe) QVARE — DVBITASTI Christus zieht Petrus aus d. Wellen. Cin. 41 Var. Gn. 4530. Schön. *Abgebildet Tafel III.*

364 **Paolo IV.** 1555—59. Giulio. C. 20, aber ROM — A · statt ROM · S. g. e.

365 **Pio IV.** 1559—65. Testone. Wappen u. thron. Petrus. Cin. 8. S. g. e.

366 Ähnl. desgl. v. Macerata. Cin. 10. S. g. e.

367 **Gregorio XIII.** 1572—85. Testone v. Ancona. Wappen u. steh. Apostel Petrus. C. 130, aber GREGORIV (st. GREGORI). S. g. e.

368 **Paolo V.** 1605—21. Testone v. Rom. Wappen u. steh. Apostel Paul. Cin. 39 nebst Giulio v. Ferrara 1620. S. g. e. 2

369 **Clemente IX.** 1667—69. Inthronis.-Giulio 1667. Cin. 10 — nebst Jubelgrosso **Clemens X.** 1675. u. ½ Grosso v. **Innocenzo XI.** S. g. e. 3

370 **Innocenzo XI.** 1676—89. Scudo 1684. Brustb. n. r. Rv. DEXTERA etc. in Palmenkranz. Cin. 45. Schön.

371 **Innocenzo XII.** ½ Scudo 1693. Wappen. Rv. Pelikan. C. 39. Leichte Henkelspur. S. g. e. u. Giulio 1696. C. 89. S. g. e. 2

372 **Clemente XII.** Testone 1735 mit Brustb. C. 56, desgl. 1734. Wappen u. Schrift. C. 34. Schön u. Grosso 1736. 3

373 **Sede Vacante** 1740. Grosso. **Benedetto XIV.** Carlino 1749, Grosso J. 5 (2) u. ½ Grosso J. 9. S. g. e. 5

374 **Sede Vacante** 1758. Scudo Cin. 2. S. g. e.

375 **Clemente XIII.** Testone 1767. Gel. **Pio VI.** Scudo 1780, Testone 1790, 4 Baj. 1794 u. Carlino 1780. S. g. e. 5

376 **Pio VII.** Scudo 1802 (mit Öse) u. 1818, sowie Testone 1808. S. g. e. 3

377 **Sede Vacante 1823** u. **1829.** ½ Scudi (B) Mit Ösen. S. g. e. 2

378 **Leone XII.** Scudo 1825 m. Brustbild. (B) nebst 10 Baj. 1858 v. **Pio IX.** S. g. e. 2

Savoia.

379 **Emanuele Filiberto.** Scudo d'oro v. Nizza 1564. EM·FIL·B·D·G·DVX·SAB·C·NICIE Gekr. Wappen. Rv. (Kl. Sonne) IN·TE·DOMINE·CONFIDO·1564·N Blumenkreuz mit F — E — R — T in d. Winkeln. Zu Pr. 53. Schön.

380 **Carlo Emanuele III.** Zecchino 1744. Adler u. Verkündigung. Schön.

381 Scudo à 6 Lire 1765 mit Brustb. n. l., nebst 5 Lire 1822 v. **Carl Felix.** S. g. e. 2

Tortona.

382 **Repubblica.** 1248—1322. Grosso mit Titel Kaiser Friedrich II. Gn. 5280, nebst altem republ. Grosso v. **Siena** u. 2 halben Grossi v. **Guidobaldo II.** v. **Urbino.** S. g. e. 4

Venezia.

383 **Domenico Contarini.** 1659–75. Zecchino mit Contremarke QNI) Gel. S. g. e.

384 **Alvise IV. Mocenigo.** 1763—78. Tallero 1769. S. g. e.

385 **Paolo Renier.** 1779—89. Ducato, • L · A · F • S. g. e.

386 **Lodovico Manin.** Talleri 1795 u.? — nebst anon. Gazzetta o. J. S. g. e. 3

387 **Repubblica.** 1848–49. 5 Lire. 22 MARZO 1848 u. XI AGOSTO/MDCCCXLVIII u. 1 Centesimo 1849. Schön, nebst Billonm. v. **Centullo III.** v. Bearn. P. d'Av. 3233. S. g. e. 4

Medaillen.

Familie Medici u. Toscana.

388 **Cosmus d. Ältere** v. Medici. 1434—64. Bronzemed. o. J. MAGNVS COSMVS — MEDICES PPP Bartloses Brustb. mit Mütze n. l. Rv. PAX LIBERTAS — QVE PVBLICA Nach l. sitzende weibl. Figur, in der Rechten eine Kugel, i. d. Linken einen Olivenzweig haltend. Unten: FLORENTIA Vgl. Arm. II. 23. 3. 72 Mm. Sehr schön. *Abgebildet Tafel III.*

389 **Lorenzo u. Juliano v. Medici.** 1469—78. Bronzemed. (v. Pollaiuolo) · LAVRENTIVS — MEDICES Kopf Lorenzos n. r. über d. Domchore, unten Überfallszene. Rv. IVLIANVS — MEDICES Kopf d. Juliano n. l. über dem Domchore, darunter Mordszene. Arm. I. 59. 1. 64 Mm. Alter Guss. Gel., sonst gut erh.

390 **Julian II. von Medici.** 1512–1516. Bronzemed. o. J. MAG IVLIANVS MEDICES Kopf n. l. Rv. Nach l. sitzende Roma, in der Rechten eine Viktoria haltend zw. C – P Im Abschnitt: ROMA Arm. II. 94. 3 (aber MAGNVS). 33½ Mm. Schön. *Abgebildet Tafel III.*

391 **Lorenzino** (geb. 1514, gest. 1548). Bronzemed. o. J. LAVRENTIVS — MEDICES (rückläufig). Bärtiges Brustb. n. r. Rv. Freiheitsmütze zw.

2 Dolchen, darunter: VIII · ID · IAN · Arm. II. 151. 3. 37 Mm. Kl. Loch. Schön. *Abgebildet Tafel III.*

392 **Cosmus I.** 1537—74. Bronzemedaille o. J. (v. Poggini). COSMVS · MED · R · P · FLOREN · DVX · II · Brustbild n. r. Rv. · THVSCORVM ET LIGVRVM SECVRITATI · Hafen von Elba, davor lieg. Neptun; oben: ILVA / RENASCENS · Armand I. 256. 10. 41 Mm. Gel., sonst sehr schön.

393 Zweites Exemplar. 41 Mm. Gel., sonst schön.

394 Desgleichen o. J. (v. dems.). COSMVS · MED · R · P · FLOREN · DVX · II · Bb. n. r. Rv. RELIGIONIS / · ERGO · unter Lilie. Armand I. 256. 11. 39 Mm. Alter Guss. Gel., sonst sehr gut erh.

395 Desgleichen 1561 (v. dems.). COSMVS MED · FLOREN · ET SENAR · DVX II · Geh. Brustb. n. r., darunter: 1561 Rv. HETRV — RIA PACATA · Etruria mit Trophäe u. Füllhorn zwischen Löwe u. Wölfin. Arm. I. 256. 12. 40 Mm. Sehr schön.

396 Bronzemedaille 1561 (v. dems.). COSMVS MED · FLOREN · ET SENAR · DVX II · Brustb. r., darunter die Jahrzahl. Rv. PVBLICAE CO — MMO-DITATI · Aequitas mit Wage u. Füllhorn in einer Strasse von Florenz. Arm. I. 256. 13. 41 ½ Mm. Gel., sonst schön.

397 Blei-Med. o. J. (v. Domenico di Polo). · COSMVS · MED · · · II · REI · P · FLOR · DVX · Geharn. Bb. r. Rv. ✱:ANIMI: CONSCIENTIA: ET: FI-DVCIA: FATI: Steinbock n. l., darüber 8 Sterne. Arm I. 144. 2. 34 Mm. S. g. e.

398 Bronzemed. o. J. COSMVS ✱ MEDICES ✱ REIPV ✱ FLOREN ✱ DVX ✱ II ✱ Unbärtiges Brustb. n. r. Rv. In einem Kranze: · PV / BLI / CAE · SA / LVT / I · Arm. II. 197. 2. 32 Mm. Sehr schön.

399 Desgleichen o. J. (v. Galeotti). Avers ähnlich d. Vorigen, das Brustbild grösser. Rv. PVLCHRIORA · LATENT Ansicht des Palazzo Pitti. Arm. II. 198. 7. 43 Mm. Schön.

400 Ähnliche Bronzemed. mit COS · MED · MAGNVS · DVX · ETRVRIÆ · im Av. 43 Mm. Nicht bei Arm. Gel. Sehr gut erh.

401 Desgleichen o. J. Av. von No. 399. Rv. RES — MILITARIS CONSTITVTA Fahnenverteilung. Arm. II. 198. 9. 44 Mm. Alter schöner Guss.

402 Zweites Exemplar. 42 Mm. Guss. Gel. Gut erh.

403 Desgleichen o. J. Av. wie vorher. Rv. IMMINVTVS · CREVIT Wütender Stier n. r. Arm. II. 198. 10. 43 Mm. Schön.

404 Desgleichen. Gleicher Av. Rv. VICTOR · VINCITVR · Vor einem Palast mit d. Medici-Wappen überreicht ein antiker Krieger einem anderen Schwert und Malteserkreuz. Arm. II. 198. 12. 44 Mm. Sehr schön. *Abgebildet Tafel III.*

405 Desgleichen (v. Galeotti). Brustb. n. r. Rv. P · V · P · M · OB · EXIMIVM · DIL · AC etc. Gekr. Wappen. Arm. II. 199. 14. 41,5 Mm. Guss. Gel., sonst gut erh.

406 Ähnliches zweites Exemplar, dünner. 41 Mm. Feinerer Guss. Gel. Schön.

407 Bronzemed. o. J. COS · MED · MAGNVS · DVX · ETRVRIÆ · Brustb. n. r. Rv. EXPLICA · NDO · IMPLICATVR · Zwei Hände, einen Knoten knüpfend. Arm. II. 199. 17. 41 Mm. Sehr gut erh.

408 Desgleichen o. J. Av. von No. 404. Rv. SINE · IVSTITIA · IMMVNITAS u. im Felde unleserl. Schrift. Nicht im Arm. 43 Mm. Gut erhaltenes Original.

409 **Cosmus I. u. Franz I.** Bronzemed. o. J. (v. Poggini). Av. wie No. 404, aber mit grösserem Brustb. Rv. FRANCIS · MEDICES FLOREN · ET SENAR · PRINCEPS · Brustb. r. Arm. I. 261. 39. 42 Mm. Guss, gut erhalten.

410 **Franz v. Medici.** Einseitige Bronzemed. 1560 (v. Pastorino). FRANCISCVS MEDICES ✿ F ✿ PRINCEP Auf d. Armabschnitt: 1560 · P · Av. v. Arm. I. 202. 82. 66½ Mm. S. schöner unciselierter Guss.

Abgebildet Tafel IV.

411 Silberne Med. 1577/90 (v. Mazza). · FRAN · MED · MAGN · DVX · ETRVRIÆ · II · Am Armabschnitt: M · M · 1577 Rv. PVBLICÆ · SECVRITATI Plan der Festung v. Livorno. Unten: · A · S · CIↃ · IↃ · XC · Av. Arm. I. 283. 2. Anm. (Rv. v. Arm. I. 284. 7.) 44½ Mm. 53 Gr. Sehr schön.

Abgebildet Tafel IV.

412 **Ferdinand I.** 1587—1608. Bronzemed. 1588 (v. Mazza). FERD · MED · MAGN — DVX · ETRVRIÆ · III · Brustb. r., darunter: MICHE · M S ✱ ꝏ · 1588 · Rv. · MAIESTATE — · TANTVM · Bienenkönigin mit ihrem Volk in Landschaft. Arm. I. 284. 6. 46 Mm. Sehr schön.

413 Ähnliche kleinere desgleichen o. J. Der Kopf teilt die Av.-Umschrift nicht. Die Rv.-Umschrift in doppeltem Strichkreise. Arm. II. 259. 7. 38 Mm. Sehr schön.

414 **Ferdinand I.** u. seine Gemahlin **Christine v. Lothringen.** Bronzemed. 1588/92 (v. Mazza). FERDINANDVS · M · MAGN · DVX · ETRVRIÆ · III ✱ Brustb. r., darunter: MICHELE · MAZA · F · 1588 Rv. CHRISTIANA · PRINC · LOTHAR · MAG · DVX · HETR · ✱ Brustb. r. Am Armabschnitt: ✱ · 1592 · Arm. I. 285. 11. 42 Mm. Verg. Unbedeutende Lötspuren am Rande, sonst schön.

415 **Christine v. Lothringen** allein. Bronzemed. 1592. CHRISTIANA · PRINC · LOT · MAG · DVX · ETR · Brustb. r. Rv. DOMINE PROBASTI · 1592 · Metallbarren in den Flammen eines Schmelztiegels. Arm. —. (Vgl. den Rv. v. II. 261. 1.). 37 Mm. Guss. Schön.

416 Silberne Medaille o. J. (Arabeske) ✱ · CHRISTIANA · F · D · L · — GRAN · DVC · DI · TOSCA · Ihr Brustb. r. Rv. · FRVCTVM · LVMEN QVE · PVDORIS · Über einer Landschaft schwebende Ähre worauf ein Stern. Links 3, rechts 4 Sterne. Arm. — (vgl. III. p. 136A). 43 Mm. 61 Gr. Sehr schön. *Abgebildet Tafel IV.*

417 Einseit. Bronzemed. o. J. CHRISTIANA PRI — NC · LOTH · MAG · DVX HETRVR Ihr Brustb. m. grossem Schleier n. r. 91 Mm. Gel., schön.

418 **Cosmus II.** 1609—1621. Bronzemed. 1610. COSMVS · II · MAGNVS · DVX · ETRVRIÆ · IIII · Brustb. n. r. Rv. VIRTVTIS — PREMIA Scepter u. Krone zw. 6 Kugeln. 39 Mm. Zu Arm. I. 284. 5. Guss. Gut erh.

419 Desgleichen oval. Av. ähnl. d. Vorigen. Rv. SIDERA · MEDICEA Jupiter in Wolken thronend zwischen je 2 Sternen. 40/33 Mm. Guss. Schön.

420 **Ferdinand II.** 1621—1670. Bronzemed. o. J. (v. Gasparo Molo). FERDINANDVS · II — MAGN · DVX · ETRVR Sein Brustb. mit breitem Kragen n. r., darunter: GAS · MOL Rv. wie No. 418. Arm. —. 39 Mm. Guss. Schön.

421 Desgleichen 1666 (v. Travanus). FERDINANDVS · II · MAG · DVX · ETRVRIÆ Sein Brustbild n. l., darunter: · I · F · T · · 1666 · Rv. GRATIA ⁂ OBVIA ⁂ VLTIO ⁂ QVESITA Rosenzweig mit 3 Blüten. Unten: TRAVANVS 49 Mm. Sehr schön.

422 Bronzemedaille o. J. FERDINANDVS ▾ II ▾ MAG ▾ DVX ▾ ETR ▾ V Sein erhab. geharn. Brustb. n. r. Rv. GRATIA · OBVIA · VLTIO · QVÆSITA (kl. 4blättriger Zweig). Rosenstock mit 3 Rosen. 87 Mm. Schön.

423 **Maria Magdalena.** Tochter d. Erzherzogs Carl v. Österreich, Gemahlin Ferdinand II. Bronzemed. o. J. MARIA · MAGD · ARCHID · AVSTR · MAG · DVX · ETR · Ihr Brustb. m. Schleier n. l. Rv. AETHERA Den Wolken zu fliegender Vogel. 42 Mm. Guss. Gut erhalten.

424 Desgleichen, einseitig o. J. MAR MAGDALENÆ ARCH · AVST · M · D · ETR Brustb. m. hohem Spitzenkragen n. l. 43 Mm. Geprägt. Schön.

425 Dieselbe u. ihr Sohn **Franz v. Medici.** Bronzemedaillon o. J. MAR ◆ MAGDALENÆ ◆ ARC — H ◆ AVSTR ◆ MAG ◆ D ◆ ETR Erhabenes Brustb. m. hohem Spitzenkragen n. l. Rv. D ◆ PRINCEPS FRANCISCVS MEDICES Erhabenes jugendliches Brustb. n. l. 87 Mm. Sehr schön.

426 **Cosmus III.** 1670—1723. Silberne Med. o. J. COSMVS ∗ III ∗ — ETRVSCORVM ∗ REX ∗ Sein Brustb. n. r. Rv. Ansicht von Florenz u. Landschaft. Im Vordergrund der Flussgott Arno u. gekrönter Löwe. Oben: FLORET · VT · PHOENIX · und auf einem Bande in vertiefter Schrift: VRBS · FLORENTIA 47 Mm. 51 Gr. Schön.

427 Desgl. 1678. COSMVS · III · D · G · MAGN · DVX · ETRVRIÆ · Geharn. Brustb. n. r. Rv. DEO IN HONOREM SANCTI PETRI — DE ALCANTARA Auf einer gekrönten Cartouche liegt eine Pergamentrolle mit dem Grundriss einer Kirche. Unten: · 1678 · 59 Mm. 75 ½ Gr. Schön.

428 Bronzemed. 1700 (v. G. Fortini). COSMVS · III · — ETRVSCORVM · REX Sein geharn. Brustb. n. r. Am Armabschnitt: G · FORTINI · 1700 Rv. DELICIÆ POPVLI DELICIÆ DOMINI Johannes m. d. Rosenstab überreicht dem Jesusknaben eine Lilie. Links davon 6 Engel. 85 Mm. Schön.

429 Desgleichen o. J. (v. Soldani). COSMVS ▾ III ▾ D ▾ G ▾ MAGNVS ▾ DVX ▾ ETRVRIÆ ▾ VI Geharn. Brustb. mit reichem Lockenhaar n. r. Am Armabschnitt: M · SOLD · F · Rv. Der Grossherzog vor d. sitz. „Florentia". Abschn.: SIC · STABIS 91 Mm. Gel., schön.

430 Desgleichen, einseitig o. J. (v. demselben) von dunkler Bronze. Wie der Av. d. Vorigen. 94 Mm. Sehr schön.

431 **Ferdinand III.** v. Medici, Sohn Cosmus III. Eins. Bronzemed. o. J. (v. Selvi). FERDINANDVS ▾ III ▾ MAGN ▾ PRINC ▾ ETR ▾ Geharn. Brustb. mit Lockenperrücke n. r., darunter: SELVI 90 Mm. Sehr schön.

432 **Franz Maria v. Medici.** Bronzemed. 1710 (v. Montauti). PRINCEPS FRANCISCVS — MARIA AB ETRVRIA Geharn. Brustb. m. grosser Locken-

perrücke n. r. Rv. MAIOR AD OCCASVM Strahlende Sonne ins Meer versinkend. Im Abschnitt: CIↃ · IↃCC · X · 99 Mm. Gel. Schön.

433 **Johann Gasto v. Medici.** 1723—1737. Bronzemed. 1685 (v. Soldani). IO · GASTO · AB · ÆTRVRIA · PRINCEPS · ÆT · SVÆ · A · XIV Jugendl. Brustb. mit langem welligen Haar n. r. Rv. NVLLA · NISI · ARDVA · VIRTVS Allegorie. 85 Mm. Sehr schön.

434 Desgleichen 1731 (v. Montauti). IOAN · GASTO · I · D — G · M · D · ETRVR · VII Brustb. m. grosser Lockenperrücke n. r. Rv. VIRTVTES COMPLECTITVR OMNES Steh. Justitia. Im Abschnitt: 1731 88 Mm. S. schön.

435 Einseitige desgleichen o. J. (v. Selvi). IOAN · GASTO · — MAG · DVX · ETR · VII Geharn. Brustb. mit Lockenperrücke n. r. Am Armabschnitt: SELVI 91 ½ Mm. Sehr schön.

436 **Peter Leopold** (Kaiser Leopold II.). 1765—1790. Silb. Med. 1765 (v. Veber). P · LEOP — · I · REG · HVNG · ET · BO · PRI · AR · AUS · MAGNUS · DUX · ETR ✱ Geharn. Brustb. n. r., darunter: I · Z · VEBER Rv. EXULTAT · IN · REGE · SVO Ansicht v. Florenz, im Vordergrund der Flussgott Arno mit d. Löwen. Im Abschnitt: AN · PVBL · FELIC · / MDCCLXV · 49 Mm. 40,5 Gr. Sehr schön.

437 **Ludwig I. von Hetrurien.** 1801—1803 u. seine Gemahlin **Maria Luise,** Infantin v. Spanien. Bronzemed. 1801 (v. A. Dupré) auf ihren Besuch in Paris. AU ROI — D'ETRURIE · Offenes Buch mit Schwert, Wage etc. Rv. ✱ À MARIE LOUISE JOSEPHINE · ✱ Genius m. Rose etc. Brams. 153. Trés. 85. 7. 34 Mm. Schön.

438 Med. 1803. CAROLVS · LVD · D · G · REX · ETR & M · ALOYSIA · R · RECTRIX · I · I · H · H · 2 Brustbr. n. r., darunter: L · SIRIES · F · 1803 · Rv. PREMIO / DELLE REALI SCUOLE / DELLE BELLE ARTI / DI FIRENZE 51 Mm. 83 ½ Gr. Sehr schön.

439 **Papst Leo X.** 1515—1521. Bronzemed. o. J. · LEO · X · PONTIFEX · MAX · Sein Brustb. n. r. Rv. GLORIA ET HONO(RIS) CORONASTI EVM Wappen. Unten: ✱ ROMA ✱ 39 ½ Mm. Guss. S. g. e.

440 **Papst Clemens VII.** 1523—1534. Silberne Med. o. J. (v. Giov. Bernardi da Castelbolognese). · CLEM · VII · PONT · MAX · Brustb. n. r., darunter Dreiblatt. Rv. EGO · SVM · IOSEPH · / FRATER · VESTER Joseph gibt sich seinen Brüdern zu erkennen. Arm. I. 138. 4. 35 Mm. 20,5 Gr. Geprägtes Original. Im Rv. Stempelriss, sonst schön.

441 **Jacob v. Medici,** Marquis v. Marignan, General Carl V. Bronzemed. o. J. (v. Galeotti). IA · MED · MARCH · MELEG · E · CÆS · CAP · GNALIS/ZC Sein Brustb. n. r. Rv. QVO ME FATA VOCANT Pegasus. Arm. I. 232. 26. 56 Mm. Sehr schön. *Abgebildet Tafel IV.*

442 Zweites Exemplar. 56 Mm. Ebenfalls sehr schön.

Serie von Veber.

443 **Clarissus v. Medici** (?). Bronzemed. 1785. CLARISS · MEDIC · — FAMIL · AVCTOR — · 1201 · Brustb. mit Mütze n. r. Rv. MEDICEAE · GENTIS / NVMISMATA · / A · CLARISS · AD · M · ALOYSIAM / ELECT · PALAT · CONIVGEM / ELEGANTIORIBVS · FORMIS / IAM DIV · EXPETITA · /

IO · VEBER · EXCVDEBAT / FLORENTIAE / A · D · MDCCLXXXV in Lorbeerkranz. 48 Mm. Sehr schön.

444 **Cosimo d. Ältere v. Medici,** † 1464. Desgl. MAGNVS · COSMVS · — MEDICES · P · P · P · Bartloses Brustb. mit Mütze n. r. Rv. REGNABVNT · Auf getäfeltem Boden stehender Altar, auf welchem Krone u. Scepter. 48 Mm. Sehr schön.

445 **Electa v. Bardi,** dessen Gattin. Desgl. ELECTA · CONTESSINA · BARDI · COSM · P · P · VXOR · Brustb. m. Schleier n. r. Rv. DVCIT · OPES · Schiff in Wellen. 47 Mm. Sehr schön.

446 **Cosimo I. Medici.** Desgleichen o. J. COSMVS · I · — MAGN · DVX · ETR · Brustb. r. Rv. S · P · Q · F · OPTIMO — PRINCIPI · Reiterdenkmal. 48 Mm. Schön.

447 **Eleonora von Toledo,** erste Gemahlin Cosmus I. Desgl. ELEONORA · TOLETANA · COSM · I · M · D · ETR · VXOR Ihr Brustb. n. r. Rv. SPLENDET · VSV · TEMPERATO · Auf getäfeltem Boden ein mit Geldstücken bedeckter Tisch. 49 Mm. Sehr schön.

448 **Camilla Martelli,** zweite Gemahlin Cosmus I. Desgl. CAMILLA · MARTELLIA · COSM · I · M · D · ETR · VXOR · Ihr Brustb. n. r. Rv. VNO · AVVLSO · NON · DEFICIT · ALTER · AVREVS Olivenbaum mit drei Früchten, darunter ein Drache. 47 Mm. Sehr schön.

449 **Virginia v. Medici,** Tochter Cosmus I., Gemahlin Caesars v. Modena. Desgl. VIRGINIA · AB · ETR · COSM · I · F · CÆS · MVTIN · D · VXOR · Brustb. mit Spitzenhalskragen n. r. Rv. VT · PRIMVM — LVX · ALMA · DATA · EST Adler mit ausgebreiteten Flügeln auf einem Felsen, von der Sonne bestrahlt. 47 ½ Mm. Sehr schön.

450 **Johanna von Österreich,** erste Gemahlin Franz I. v. Medici. Desgl. IOANNA · AVSTRIACA · M · D · ETRVRIÆ · Ihr Brustb. n. r. Rv. AD · ETHERA · Über Wolken schwebender Adler, auf jedem Flügel ein Junges tragend. 46 Mm. Schön.

451 Zweites Exemplar in rotbrauner Bronze. Sehr schön.

452 **Christine v. Lothringen,** Gemahlin Ferdin. I. v. Medici. Desgl. CHRISTINA · PR · LOTHARINGIÆ · MAG · DVC · ETR · Brustb. r. Rv. NE · PRO — RVAT · Säule. Im Abschnitt: I · VEBER · 47 Mm. Sehr schön.

453 **Eleonora,** Tochter Ferdinand I. v. Medici. Desgl. ELEONORA · AB · ETR · FERD · I · M · D · ETR · FILIA · Ihr Brustb. r. Rv. SICVT · — LILIVM · 3 Lilienstauden. 48 Mm. Sehr schön.

454 **Eleonora** v. Toledo, Gemahlin Peters v. Medici, Stiefbruder Ferdinand I. Desgl. ELEONORA · DE · TOLEDO · PETRI · DE · ME · D · VXOR · Brustb. mit Schleier u. Spitzenkragen n. r. Rv. PVLCHER · DVM — SIMILIS Sonnenblume, sich der strahl. Sonne zuneigend. 46 ½ Mm. Schön.

455 **Nannina** (deren Tochter?), Gemahlin Bernhard Oricellaris. Desgl. NANNINA · PETRI · MED · F · BERNARDI ORICELLARI · VXOR Brustb. m. Spitzenkragen n. r. Rv. CANDORE · ET · FOECVNDITATE Landschaft mit einem aus einem Felsen stürzenden Bach. 48 Mm. Sehr schön.

456 **Maria von Medici,** Gemahlin Heinrich IV. von Frankreich. Desgl. MARIA — AB · ETR · GAL · REGI · Brustb. mit breitem Spitzenkragen n. r. Rv. FRVSTRA — FERIVNT Drei Blitzstrahlen gegen eine Felswand. 49 Mm. Schön.

457 **Ferdinand II. v. Medici.** FERDINANDVS · II · MAGN · DVX · ETRVRIÆ Rv. PIETAS · ET · VNA · PRISCA · FIDES · Zwei weibl. Figuren. 49 Mm. Sehr schön.

458 **Cosmus III. v. Medici.** Desgl. COSMVS · III · — MAGN · DVX · ETR · Sein Brustb. mit kahlem Schädel u. langem Hinterhaupthaar n. r. Rv. RELIGIONIS · AMOR · Altar. 47 Mm. Schön.

459 **Johann Gasto v. Medici.** Desgl. IOANNES · GASTO · MAGN · DVX · ETR · Geharn. Brustb. n. r. Rv. FOVET · ET · REGIT · Erdkugel unter strahl. Sonne. 48 Mm. Sehr schön.

460 **Maria Carolina Luise,** Erzherzogin v. Österreich, Gemahlin Ferdinand IV. v. Sicilien. Desgl. 1785. M · CAROLINA · — A · AVSTR · SICIL · REGINA Ihr Brustb. r. Rv. IVNGIMVS · HOSPITIO · DEXTRAS · 4 Figuren vor liegendem Flussgott. Im Hintergrunde Stadt u. Berge. Im Abschnitt: NEAP · R · R · IN · HETR / ADVENTVS / 1785 47 Mm. Sehr schön.

Diverse.

461 **Don Juan ab Austria,** natürl. Sohn Carl V. Silb. Med. 1573 (v. Melon) auf die Seeschlacht bei Lepanto. IOANNES AVSTRIÆ · CAROLI · — V · FIL · ÆT · SV · ANN · XXIIII Brustb. n. l., darunter: IO · V · MILON · F · 1573 · Rv. VENI · ET · VI — CI Poseidon tötet einen Türken, im Hintergrunde die Flotte vor Tunis, rechts fliehende Türken etc. Arm. I. 264. 2. v. Loon I. 173. 42 Mm. 23 Gr. Kaum merkliche Henkelspur, sonst schön.
Abgebildet Tafel V.

462 **Friedrich IV. von Dänemark.** Bronzemedaillon 1708 (v. A. Montauti). · FRIDERICVS · IIII · DANIÆ · ET · NORVEG · REX · Brustb. n. r., darunter: · A · MONTAVTI · Rv. · FELICISSIMO · ADVENTVI · FLORENTIÆ · Der Flussgott Arno mit d. Löwen. Im Hintergrunde die Stadt Florenz. Im Abschnitt: · A · CIↃ · IↃCC · VIII · / · IDIBVS · MARTIIS · Danske M. pl. XI. 102 Mm. Schön.

463 **Heinrich II. v. Frankreich.** Rautenförmige vergold. Bronzemedaille 1558. HENRICVS — II DEI G F REX Belorb. geh. Brustb. n. r., in d. Ecken rechts u. links: 15 — 58, in d. oberen Ecke 3 verschlungene Ringe (Marke v. Martin Vinot?), in der unteren Monogramm HH Rv. Crucifix, links knieender König, rechts sein Pferd, unten unter einem Band Schild m. d. 3 Lilien, oben Sonne u. Mond. 44×44 Mm. Geh. Sehr gut erh.
Abgebildet Tafel IV.

464 **Ludwig XIII. v. Frankreich.** Bronzemed. 1617. LVDOVICVS XIII REX CHRISTIANISS · Belorb. kindliches Brustb. n. r. m. umgehängtem Köcher u. Bogen. Rv. SIC — CONTERET · HOSTES Apollo mit d. Pfeil einen

Drachen tötend. Abschnitt: CIↃIↃCXVII 50 Mm. Ganz oben kleines Loch. Interessante Arbeit. Sehr schön.

Abgebildet Tafel IV.

465 **Preussen. Friedrich II.** 1740—1786. Med. 1758 a. d. Schlacht bei Zorndorf. FRIDERICVS MAGNVS REX BORVSS · ETC · Rv. NEC QVANTITATE NEC QVALITATE VINCENDVS Löwe von 6 Hunden angefallen. Im Abschnitt: PRAEL · PROPE ZORNDORFIVM / ET CVSTRINO RVSS · OBSID · / LIBERATO XXV AVG · / MDCCLIIX · Fr. u. S. 4402. Henck. 3092. 49 Mm. 35 Gr. Schön.

466 **Papst Paul II.** (Pietro Barbo) 1464—1471. Bronzemed. 1455. PETRVS BARBVS VENETVS CARDINALIS · S · MARCI · Brustb. n. l. Rv. HAS · AEDES · CONDIDIT ANNO CHRISTI · M · CCCCLV unter Cardinalshut. Arm. II. 31. 2. 33 ½ Mm. Schön.

467 **Papst Pius IV.** 1559—1565. Bronzemed. 1561. PIVS · IIII · PONTIFEX · MAXIMVS Brustb. n. l. Rv. DIVE · CATHERINE · etc. Kirchenfassade. 34 Mm. Sehr schön.

468 Desgleichen o. J. · PIVS · IIII · PONTIFEX · MAX Brustb. n. r. Rv. CLAVES · REGNI · CELOR Knieender Papst vor Petrus. 30 Mm. Schön.

469 Desgl. Avers wie vorher. Rv. · INSTAVRA — TA Die Engelsburg. 31 Mm. Sehr schön.

470 Desgleichen o. J. · PIVS · IIII · P(O)N · MAX · O · P · Brustb. n. r. Rv. + (PO)RTVS · CENTVM · CELL · INSTAVR · VRBE · Q · VALLO · AVXIT Plan der Engelsburg. 32 Mm. Gel., sonst schön.

471 **Papst Sixtus V.** 1585—1590. Goldene Medaille (v. Nicc. Bonis). ᵧSIXTVSᵧVᵧPONTᵧMAXᵧ—ᵧANᵧVᵧ Brustb. n. l. Am Armabschnitt: NI · BONIS · Rv. · B · — MARIE · D · POP · QVARTVM — AN · IIII · EREXIT · Die Kirche Santa Maria del Popolo in Rom. Im Vordergrund der Obelisk. Arm. I. 288. 4. 38 ½ Mm. 35,8 Gr. Mit umgelegtem Ring. Sehr schön.

Abgebildet Tafel V.

472 **Papst Clemens X.** 1670—1676. Bronzemed. (v. Travani). Jahr 4. Brustb. n. r. Rv. INTERCEDITE — ∗ PRO ∗ NOBIS Die 2 steh. Apostel von vorn, darüber schwebend eine Taube. Im Abschn.: ROMA 35 Mm. Der Schriftkreis ist hell bronziert. Sehr schön.

473 **Albizzi,** Giovanna. Bronzemed. o. J. (v. Niccolo Fiorentini). IOANNA ▾ ALBIZA ▾ — ▾ VXOR ▾ LAVRENTII ▾ DETORNABONIS ▾ Ihr Brustb. m. Perlenhalsband n. r. Rv. ▾CAS — TITAS — PVLCHRIT — VDO ▾ A — MOR ▾ Die 3 Grazien. Arm. I. 88. 20. 74 Mm. Schön.

474 Desgleichen (v. demselben). Av. wie vorher. Rv. ▾ VIRGINIS ▾ OS ▾ HABITVM ▾ QVE ▾ Diana mit geflügeltem Haupte, in der Linken einen Bogen u. i. d. Rechten einen Pfeil haltend. Arm. I. 89. 21. 77 Mm. Schön.

475 **Bernini,** J. L. Ital. Bildhauer, Architekt etc. Bronzemed. 1674 (v. F. Chéron). EQVES▴IOA▴LAVRENT—BERNINVS▴ETATIS▴SVE▴—▴ANNO 76 1674 Brustb. n. r. Am Armabschn.: F · CHERON Rv. SINGVLARIS ▴ IN ▴ SINGVLIS ▴ IN ▴ OMNIBVS VNICVS Die Verkörperung der Malerei, Bildhauerei, Architektur u. der Geometrie. Im Abschn.: F · CHERON 73 Mm. Sehr gut erh.

476 **Dürer,** Albrecht. Bleimed. o. J. ✱ IMAGO ✱ ALBERTI ✱ DVRERI ✱ AETATIS ✱ SVAE ✱ LVI Brustb. n. r. Rv. MIRABI: / LIA OPERA / TVA · ET ANI: / MA MEA CO: / GNO SCET NI / MIS · PS ✱ / ◆ 138 ◆ 38 ½ Mm. Geh. Sehr gut erh.

477 **Gonzaga,** Hippolyta, Gemahlin des Antonio Caraffa. Bronzemedaille (v. Trezzo). HIPPOLYTA · GONZAGA · (FE)RDINANDI · FIL · AN · XVII Brustb. l., darunter: IAC – TREZ Rv. VIRTVTIS FORMÆQ PRÆVIA Aurora. Arm. I. 241. 1. 69 Mm. Leichter Hieb über dem Kopfe im Av., sonst schön. *Abgebildet Tafel V.*

478 **Grillet,** Maria de, Gemahlin Bernardino's v. Savoyen. Einseit. Bronzemed. (v. Alf. Ruspagiari). · MARIA · DE · GRILLET · CONTESSA · DI · PANCALIERI Ihr Brustb. m. Schleier u. Halskrause n. r. Am Armabschnitt: Æ Arm. I. 218. 12. 62 Mm. Sehr gut erhalten.

479 **Lami,** Giovanni, italienischer Schriftsteller und Altertumsforscher, geb. 1697, gest. 1770 in Florenz. Bronzemed. o. J. ΙΩΑΝΝΗC Ο · ΛΑΜΙΟC ▾ Sein Brustb. n. r., darunter: A · O · CIAOTIOC · EP Rv. Pallas etc. 82 Mm. Mit Rand aus heller Bronze. Schön.

480 **Malatesta,** Sigismundus Pandulfus. Eins. Bleimed. o. J. (v. Pasti). SIGISMVNDVS PANDVLFVS · MALATESTA · PAN · F · POLIORCITES · ET · IMP · SEMPER · INVICT · Belorb. Brustb. n. l. Arm. I. 20. 13. 90 Mm. Schöner alter Guss. *Abgebildet Tafel V.*

481 Derselbe. Bronzemed. 1446 (v. demselben). SIGISMVNDVS PANDVLFVS ▾ MALATESTA ▾ PAN ▾ F ▾ Geharn. Brustb. n. l. Rv. CASTELLVM ▾ SISMVNDVM ▾ ARIMINENSE ▾ M ▾ CCCC ▾ XLVI ▾ Das Schloss von Rimini. Arm. I. 20. 12. 78 Mm. Sehr schöner älterer Guss.

482 **Mannelli,** Johannes. Einseit. desgleichen 1521 (v. Torre). ▾ IOANNES ▾ MANNELLVS ▾ FLORENTINVS ▾ CI ▾ Bartloses Brustb. m. Mütze n. r., darunter: ▾ XXI ▾ Arm. I. 134. 23. 54 Mm. Schön.

483 **Maserano,** Filippo, Venetianischer Dichter. Bronzemed. (v. Giovanni Boldu). · PHILIPPO · MASERANO · VE — NETO · MVSIS · DILECTO · Jugendliches Brustb. n. l. Rv. · VIRTVTI · OMNIA · PARENT · M · CCCC · LVII · OPVS · IOANIS · BOLDV · PICTORIS · Arion auf einem Delphin, neben dem Kopfe: · ARI — ONI · Arm. I. 37. 5. 71 Mm. Teilweise patiniert. Schöner älterer Guss.

484 **Newton,** Henry, engl. Gesandter in Florenz. Bronzemed. 1709 (v. Soldani). HEN ▾ NEVVTON ▾ ABLEG ▾ EXT ▾ BRIT ▾ AD ▾ M ▾ ETRVR ▾ D ▾ ET ▾ R ▾ P ▾ GEN ▾ Brustb. n. r. Rv. ALTERIVS — ALTERA ▾ POSCIT ▾ OPEM 2 alleg. weibl. Figuren. 87 Mm. Schön.

485 **Paple,** Johann v. Desgleichen einseitig. ▾ IO ▾ P ▾ DE PAP — IE ▾ XVIIII ▾ AN ▾ Jugendl. Brustb. n. l. Arm. II. 76. 16. 55 Mm. Sehr schön.

486 **Redi,** Franc. (Leibarzt Ferd. II. u. Cosmus III. v. Medici.) Bronzemed. 1684 (v. Soldanus). FRANCISCVS ◂ ▸ REDI ◂ PATRITIVS ◂ ARETINVS ▸ Brustb. n. r., darunter: M · SOLD · 1684 Rv. Bacchanal. Im Abschnitt: CANEBAM daneben: M · – S · 89 Mm. Schön.

487 **Rovere,** Guiliano della (später Papst Julius II.) und Clemente **della Rovere.** Bleimed. (v. G. Candita). ▾ IVLIANVS ▾ EPS ▾ OSTIEN ▾ CAR ▾ S ▾ P AD VINCVLA ▾ Bartloses Brustb. in geistl. Gewande n. r. Rv. ▾ CLEMENS ▾ DE ▾ RV — VERE ▾ EPS ▾ MIMATIEN Brustb. in geistl. Gewande n. r. Arm. II. 109. 2. 59 Mm. Oben kl. Loch. Gut erh.

488 **Soldani-Benzi,** Massimiliano (Florentiner Medailleur). Bronzemed. 1715 (v. Selvi). MAXIMIL ▴ SOLDANVS ▸ — BENZI ▸ PATRITIVS ▾ FLOR Brustb. n. r., darunter: ▴ 1715 ▴ Rv. VIVOS ▴ DVCIT ▴ VVLTVS ▸ Sitzende weibl. Figur an einer Büste modellierend. Im Abschnitt: SELVI · 88 Mm. Schön.

489 **Todini,** Nicolo, Präfekt der Engelsburg in Rom. Bronzemed. (v. Dom. Poggini) NICOL · TODIN · ANC · ARCIS · S · ANG · PREFECTVS Brustb. m. Halskrause n. r. Rv. Die Engelsburg. Arm. I. 259. 28. 44 ½ Mm. Sehr schönes Exemplar.

490 **Trivulzio,** Gianfrancesco, Graf v. Mesocco. 1512—1573. Desgleichen (v. P. P. Galeotti). IO · FRAN · TRI · MAR · VIG · CO · MVSO · AC · VAL · REN · ET · STOSA · D Geharn. Brustb. n. r. Am Armabschn.: AET 39 Rv. FVI — SVM — ET — ERO Venus von Tritonen umgeben, entschwebt dem Meere. Die 4 Winde blasen auf sie ein. Arm II. 302. 13 bis. 59 Mm. Schön. *Abgebildet Tafel VI.*

491 **Bronzeplakette** (v. Donatello). Hüftbild einer Bacchantin n. l. mit einer Bockshaut bekleidet und m. d. Thyrsusstab, drückt den Busen in ein Füllhorn aus. Br. oval. 107×86 Mm. Mol. 29 Anm. Bode 646. Hervorragend gute Arbeit. Gel. Sehr schön.

Abgebildet Tafel XVI.

Kunstmedaillen und Plaketten.

Medaillen.

Kaiser und Könige.

492 Kaiser **Maximilian I.** u. **Maria** v. Burgund. Sogen. Judenmedaille 1486. Gekr. Brustb. Maximilians mit Szepter u. Palmzweig n. r., in dopp. Umschrift. Rv. Gekr. Brustb. d. Maria n. l. in einem Kreis aus kl. Halbbogen. Wh. 6785. v. Mier. I. 184. 1. 51 Mm. 23 ½ Gr. Schön.

493 **Carl V.** Einseitige Bronzemed. 1530 (v. Giov. Berardi) auf s. Krönung in Bologna. CAROLVS ▴ V ▴ IMP ▴ BONON ▴ CORONATVS ▴ M ▴ D ▴ XXX ▴ Sein Brustb. in Barett n. r. Arm. I. 137. 1. 79 Mm. Gel. Schön.

494 Bronzemed. o. J. (v. Leone Leoni). · IMP · CAES · CAROLVS · V · AVG Belorb., geharn. Brustb. n. r. Rv. IN · SPEM · PRISCI · HONORIS Der Flussgott Danubius. Av. wie Arm. I. 162. 1, Rv. Arm. II. 206. 16. 69 Mm. Geh. Gut erhalten.

495 Einseit. Bronzemedaillon o. J. ☙ IMP ☙ CAES ☙ CAROLVS ☙ V ☙ AVG ☙ Bel. u. geharn. bärtiges Brustb. n. rechts. Arm. —. 85 Mm. Guss. Sehr schöne kräftige Arbeit. Gel. Trefflich erhalten. Aus Sammlung Lanna (No. 625, daselbst irrig als Arm. II. 180. 1 bezeichnet).
Abgebildet Tafel VI.

496 Bronzemed. o. J. IMP · CAES · CAROLO · V · CHRIST · REIP · INSTAVRAT · AVG · Brustb. n. r. in Mantel u. Barett. Rv. SALVS ✱ — PVBLICA Steh. Salus mit Lanze u. Opferschale vor einem Altar, worauf eine Schlange. Arm. II. 181. 6. v. Mieris II. 340. 2. Wh. 6834. 48 Mm. Braun patiniert. Schön. *Abgebildet Tafel VI.*

497 Vergold. Medaille 1550. V · G · GNADEN · KAROLVS · DER · V · RO · KAISER · WART · GEBORN · IM — 1500 Der Kaiser in vollem Ornat auf d. Thron. Rv. IHESVS · CHRISTVS · AIN · KYNIG · IN · HIMEL · VND · DER · ERDEN · 1550 — ✱ Der Heiland mit Szepter u. Schwert a. d. Throne. Herrg. T. XXIV. 52. 45 Mm. 43¾ Gr. Hlsp., sonst s. gut erh.

498 Schwach vergold. Miniaturmed. o. J. Brustb. m. Mütze n. r. Rv. Die Säulen des Herkules. 15 Mm. 1½ Gr. Schön.

499 **Margarete ab Austria,** natürl. Tochter Carl V., Statthalterin d. Niederlande. Med. 1567 (v. Jonghelinck). MARGARETA · DE · AVSTRIA · D · (P) · ET · P · GERMANIÆ · INFERIORIS · GVB · Ihr Brustb. m. Schleier n. r. Am Armabschn.: ÆT · 45 Rv. FAVE — NTE · DEO Auf einem Felsen im Meere steh. weibl. Figur mit Szepter u. Palme etc. v. L. I. 87. Arm. II. 211. 40. 58 Mm. 48 Gr. Alter Guss. Gel. Schön.
Abgebildet Tafel VII.

500 **Ferdinand I.** Schauthaler 1529 a. d. Annäherung der Türken vor Wien. Im dopp. Schriftkreis d. jugendl. Brustb. mit breitrandigem Hute und umgehängtem Vliessorden n. l. Rv. Im doppelten Schriftkreise das österr.-kastil. Wappen, umgeben von den ins Kreuz gestellten Wappenschilden v. Böhmen, Dalmatien, Kroatien und Ungarn, dazwischen Blätterverzierungen. Doneb. 1011. Markl. 2004. Szech. T. 17. 3. 46 Mm. 27½ Gr. Kaum merkliche Henkelspur. Sehr gut erh.

501 **Maximilian II.** als Erzherzog. Eins. Bronzeporträt-Med. 1548 (v. Deschler). ✱ · MAXIMILIAN · V · G · G · ERTZHERTZOG ZV OSTEREICH ZC · ÆTATIS SVÆ: 20 Sein jugendl. Brustb. in Wams u. schmaler Halskrause n. links. Am Armabschn.: 1548 Wellenh. u. Domanig nicht. 48 Mm. Sehr schöne Arbeit u. Erhaltung.
Abgebildet Tafel V.

502 Sehr kleine anonyme Medaille o. J. Jugendlicher Kopf n. r. mit enganliegendem Wamskragen. Rv. Reiter im Galopp n. r. Ohne Schrift. Nicht bei Herrg., Domanig, Wellenh. etc. 13 Mm. 2 Gr. Geh. S. g. e.

503 Medaille o. J. (1564) a. d. Antritt d. kaiserl. Regierung. · MAXIMILI · II · ROM · IMP · Bel. u. geharn. Brustb. n. links. Rv. DOMINVS · — PROVIDEBIT · Gekr. D.-Adler mit Szepter u. Schwert, auf d. Brust d. österr.-kastil. Wappen, unten Reichsapfel. Wh. 6913. Don. 1229. Jos. u. Felln. 2502.

28 ½ Mm. 10 Gr. Mit umgelegtem Reif u. zwei Ösen. Vergold. Sehr gut erhalten.

504 **Maximilian II.,** Kaiser. Medaille 1566. * MAXIMILIANVS * II * D * G * ROMA * IMPERI * SEM * AVG * GER * HV * BO * ETZ * REX Belorb., geharn. Brustb. n. r. Rv. : ARCHI (Blume) DVX (Blume) AVSTRI (Blume) DVX (Blume) BVRG (Blume) MARC (Blume) MOR (Blume) 1566 Gekr. D.-Adler. Wh. 6911. Herrg. VIII. 17. 52 Mm. 37 Gr. Sehr schön.
Abgebildet Tafel VII.

505 Med. o. J. (1567). MAXIMILIANVS · II · RO · IM · AE · XXXX Belorb., geharn. Brustb. n. links. Rv. DO — MINVS — PROVIDEB — IT Gekr. D.-Adler wie bei Voriger. Wh. 6912. Zu Doneb. 1231. 35 Mm. 17 ½ Gr. Schwache Henkelspur. Schön.

506 Goldene Medaille 1570. MAXIMILI · II · — · ROM · I S AV · Belorb. Brustb. n. links. Rv. · DOMINVS · 15 * 70 · PROVIDEBIT · Adler v. vorn umkrallt d. Erdkugel. Don. 1232. H. IX. 41. 24 Mm. 10 ½ Gr. Gut erh.

507 Goldene Med. 1572. * MAXIMILI · : · II * ROM · IMP : SEM · AVG · Geharn. Brustb. n. r. Rv. * DOMINVS * PROVIDEB * Adler umkrallt mit dem l. Fuss die Erdkugel. Oben: 15 — 7Z Wie Wh. 6916 u. Doneb. 1234 (Silber), aber beiderseits Lorbeereinfassung. 29 Mm. 13 ½ Gr. Ganz unbedeut. Henkelsp. Schön. *Abgebildet Tafel V.*

508 Gleiche Med. in Silber. 29 Mm. 10 Gr. Henkelspur, sonst s. g. e.

509 **Erzherzog Ernst,** 3. Sohn Maximilian II., Statthalter der Niederlande. Porträtmed. 1586 (v. Ant.Abondio). ERNESTVS ARCHIDVX AVSTRIAE DVX BVR: COM: TIR: Geharn. Brustb. mit hoher Halskrause n. l., unten klein: A · AB · Rv. Krone auf 2 Zweigen, in der Mitte SOLI / DEO / GLORIA unten: 1586 · Herrg. T. 14. 3. Arm. I. 269. 11. Wh. —. v. Loon —. 29 Mm. 8 Gr. Leicht vergold., schwache Henkelsp., sonst sehr schön.
Abgebildet Tafel VI.

510 **Erzherzog Maximilian,** 5. Sohn Maximilian II. Ovale Med. 1612. MAXIMIL: D: G: ARC: AVS: Æ: S: LIIII A° MDCXII Geharn. Brustb. m. hoher Halskrause n. r. Rv. · MILITEMVS ✚ Feldlager. Domanig (Österreich) 108. 39/31 Mm. 12 ½ Gr. Ausgebr. Henkel. Sehr gut erh.
Abgebildet Tafel VI.

511 **Erzherzog Albrecht,** 6. Sohn Maximilian II., Statthalter d. Niederlande. Porträtmed. 1596 (v. Conr. Bloc) a. d. Einnahme v. Calais, Ardres u. Hulst durch die Spanier. ALBERTVS · D · G · S · R · E · CAR · ARC · TOL · ARCHID · AVS · Brustb. n. r., unten: · CONR: BLOC · F · Rv. VENI VIDI VICIT / · DEVS · / · 1596 · Karte einer Küstenstrecke mit den 3 Befestigungen Calais, Ardres u. Hulst. v. Loon I. 476. 38 Mm. 16 Gr. Vergold., gel., sonst sehr schön. Aus Sammlung Lanna.
Abgebildet Tafel VI.

512 **Rudolf II.** Porträtmed. 1576 auf seine Kaiserkrönung. ∘ — RVDOL ∘ DER ∘ AN ∘ V ∘ G ∘ G — ER ∘ ROM ∘ KAISER — ∘ Gekr. u. geharn. Brustb. v. vorn, etwas nach links, daneben: ÆTA — · SVE · Z5 Rv. AVCH + ZV + VNGERN + — + VND + BEHAIM + KO · 76 Gekr. D.-Adler, das böhm.-ungar. Wappen mit dem österr.-burg. Mittelschilde auf d. Brust.

Wh. 6939. Doneb. 1393. 39 ½ Mm. 19 Gr. Vergold. Leichte Henkelsp. Schön. *Abgebildet Tafel VI.*

513 **Dänemark. Friedrich II.** Medaille 1565 auf d. Sieg gegen die Schweden bei Astorheide. FRIDERICVS · Z · DEI · GRACIA · DANIE · NORWE · SCLA · GO · REX · Brustb. in Harnisch u. Spitzenkragen n. l. Am Armabschnitt: 1565 Rv. Gekr. F, darum in 5 Zeilen: (Arabeske) ANNO · 65 · AM · ABONDT · S · VRSVLE · SLVG · K · FRIDERICH · DER · Z · MIT · 4000 · MAN · AVF · ASTOR · HEIDE · K · ERICH · DEN · 14 · WAR · Z5000 · MAN · STARCK · VNT · BLIBEN · 5000 · SWEDEN · AVF · DIE · WALSTADT D. M. 95. 39 Mm. 11 Gr. Kl. Loch. Altvergoldetes schönes Exemplar aus Sammlung Lanna.
Abgebildet Tafel VII.

514 **Christian IV.** Bronzemedaille 1596 (v. Nik. Schwabe). CHRISTIANVS · IIII · DANIÆ — NOR: VAN: GOT: REX Gekr. u. geh. Brustb. n. r. Am Armabschn.: 1596, unten: ÆT XX · ANO — NIC · SC · F · Rv. ⅄ REGNA ⅄ FIR — MAT ⅄ PIETAS ⅄ Kriegselefant mit Turm. Auf der Decke gekr. C Danske Mynter T. V. 3. Erman S. 74. Mit umgelegtem gedrehten Rand u. Tragring. 40 Mm. Schön. Ebenfalls aus Sammlung Lanna.
Abgebildet Tafel VII.

515 **Frankreich. Heinrich IV.** Bronzemed. 1594. · HENRICVS · IIII · FRANCOR · ET · NAVAR · REX · Bel. u. geh. Brustb. n. l., darunter: · 1594 · ✿ IVS + DEDIT + ET + DABIT + VTI Drei gekrönte gekreuzte Schwerter, durch Lorbeer- u. Palmzweig verbunden. 42 Mm. Sehr schön.

516 **England. Oliver Cromwell und Masaniello.** Hohlmed. 1658. Das Brustb. Cromwells fast v. vorn, über welchem 2 Krieger einen Kranz halten; das Ganze auf einer verzierten Cartouche, worin: OLIVAR CROMWEL / PROTECTOR V · ENGEL / SCHOTL · — 1658 — YRLAN Rv. Das Brustb. Masaniellos fast v. vorn, 2 Fischer halten darüber eine Krone. In Cartouche: MAS ANIELLO VISSCHR / EN CONINCK V · NAPELS / 16 — 47 Franks I. 432. 78. 71 Mm. 103 ½ Gr. Schön.

517 **Polen. Sigismund III.** Goldene Medaille 1619. ∗ SIGISMVNDVS · III · D: G: POLONIÆ · ET · SVECIÆ · REX · D: PRVSSIÆ ∗ Brustb. in reicher Gewandung n. r. Rv. ∗ CIVITAS · GEDANENSIS · F: F: · Stadtansicht, darüber 2 Engel m. d. Stadtwäppchen. Unten ganz klein: 1619 · Cz. 1386. Vossb. 636. Rcz. 83. 50 ½ Mm. 72,10 Gr. Feiner Guss. S. schön.
Abgebildet Tafel VII.

518 **Schweden. Gustav Adolph und Marie Eleonore** v. Brandenburg. Goldene ovale Med. ohne Umschriften. Brustb. d. Königs v. vorn halbrechts. Rv. Brustb. d. Königin n. l. Ähnl. H. 281. 20×17 Mm. 3,5 Gr. Schön.

519 **Spanien. Philipp II.** Goldene ovale Med. (Geusenpfennig). EN TOVT FIDELES AV ROY Sein Brustb. n. links. Am Armabschnitt vertieft: 161Z Rv. IVSQVES A PORTER LA BESACE Zwei verschl. Hände u. ein Quersack. Siehe v. Loon I. 85. 5. 24/20 Mm. 8 Gr. Geh. Sehr schön. (Aus Sammlung Lanna, ursprünglich Sammlung Völcker, Amsterdam.)
Abgebildet Tafel VII.

520 **Carl II.** u. s. Mutter **Maria Anna** v. Österreich. Med. o. J. (v. Waterloos). CAROLVS · II · D: G: HISP: ET · INDIAR · REX · Sein jugendl. Brustb. n. r. Rv. MARIANNA · D: G: HISP: ET · INDI: REGINA · GVBER: Ihr Brustb. in Witwenschleier n. l. v. Loon II. 534. 1. 38 Mm. 21 ½ Gr. Sehr schön. *Abgebildet Tafel VII.*

Geistliche Fürsten.

521 **Peter Barbus** (Papst Paul II). Bronzemed. 1455. PETRVS · BARBVS VENETVS CARDINALIS S MARCI Brustb. n. l. Rv. HAS · AEDES · CONDIDIT ANNO CHRISTI · M · CCCCLV Das Wappen der Barbò, darüber der Cardinalshut. Arm. II. 31. 2. 34 Mm. Schön.

522 Papst **Sixtus IV.** Bronzemed. o. J. SIXTVS ♥ IIII ♥ PONT ♥ MAX ♥ SACRICVLTOR Sein Brustb. n. l. Rv. CVRA / RERVM / PVBLICARVM darunter 4bogige Brücke über Fluss, das Ganze in Eichenkranz. Arm. II. 62. 3. 40 Mm. Schön.
Abgebildet Tafel VIII.

523 Papst **Julius II.** 1503—1513. Bronzemed. 1506 (v. Caradosso). IVLIVS + LIGVR (+) PAPA + SECVNDVS + MCCCCCVI (kl.Eichenzweig) Sein Brustb. n. r. Rv. TEMPLI + PETRI + INSTAVRACIO Die Peterskirche in Rom, darunter: VATICANVS · M · Arm. I. 108. 2. Friedl. T. 35. 5. 56 ½ Mm. Gel. Sehr gut erh. *Abgebildet Tafel VIII.*

524 Papst **Pius IV.** (Giov. Angelo de Medici). Bronzemed. o. J. · PIVS · IIII · PONTIFEX · MAX Sein Brustb. n. r. Rv. + PORTVS · CENTVM · CELL · INSTAVR · VRBEQ VALLO AVXIT Plan des Hafens und d. Festung v. Civita Vecchia. Arm. III. 105 G. 31 ½ Mm. Schön.

525 Desgleichen o. J. · PIVS · IIII · PON · MAX · O · P · Brustb. n. r. Rv. In einem Blätterkranz: VIA · PIA / · ROMA · darüber Engelsköpfchen. Arm. III. 105 F. 32 Mm. Schön.

526 Cardinal **Barbarini** (Papst Urban VIII.). Einseitiges Bronzemedaillon 1612 (v. Dupré). MAPH • S • R • E • P • CAR • — BARBERINI • SIG • IVST • PRÆ • BONO • LEG Brustb. in Cardinalstracht n. r. 92 Mm. Sehr schön.

527 Cardinal **Francesco Alidosi.** Bronzemed. o. J. (v. Francia). FR · ALIDOXIVS · CAR · PAPIEN · BON · ROMANDIOLAE · Q · C · LEGAT · Brustb. in geistl. Gewande n. r. Rv. HIS AVIBVS CVRRVQ · CITO DVCE — RIS — ADA — STRA In einem von 2 Adlern gezogenen Wagen stehender Jupiter. Arm. II. 116. 45. 61 Mm. Schön.

528 **Brixen. Christoph III. v. Madruzzo.** Eins. runde Bleiplakette o. J. Revers einer Medaille. STATVS · MEDIOL · RESTITVTORI · OPTIMO Eine vor einem Altare stehende Figur reicht einem sitzenden Krieger die Hand. Im Vordergrund liegender Flussgott. Unten: SECVRITAS · PADI Wie der Rv. v. Arm. I. 177. 1. 60 Mm. S. gut erh.

529 **Cöln. Gebhard Truchsess v. Waldburg,** † 1601 in Strassburg i. E. Porträtmed. 1583. GEBHARD D G ARCHEPS ET EL COL WESTET ANGD

Sein Brustb. v. vorn, etwas n. l. An der rechten Schulter vertieft KR Rv. CONVERSVS / CONVERTE · FRATRES TUOS · 1585 Infuliertes Wappen, darunter auf einem Bande: CANDIDE Merle p. 279. 37. Zu v. L. I. 337 (nur Av.). Eigentümliche kräftige Arbeit. S. schön.

Abgebildet Tafel VIII.

530 **Florenz. Incontri.** Franz Cajetan, Erzbischof. FRANCISCVS · CAIETANVS · INCONTRI · ARCHIEP · FLOR Brustb. in geistl. Gewand n. r. Rv. OCVLI MEI SEMPER AD DOMINVM · Sitzende Clio. 86 Mm. Schöner Guss aus 18. Jahrh.

531 **Mainz. Albrecht von Brandenburg.** Porträt-Medaille 1535 (v. Hans Reinhart). ❀ DOMINVS ❀ MIHI ❀ ADIVTOR ❀ QVEM ❀ TIMEBO ❀ ANN ❀ AEAT ❀ 46 Brustb. m. Barett n. r., unten: · IHR · Rv. ❀ ALBERT ∘ CARD ∘ MOG ∘ ARCHIEP ∘ MAGD ∘ HALB ∘ ADM ∘ MARC ∘ BRAND ∘ ZC ❀ 1535 Vielfeldiges Wappen zw. d. heil. Barbara u. d. heil. Moritz als Schildhaltern. Sch. 3490 (als Schau-Doppelthaler). Hohenzollern Schaumünzen No. 13. Domanig 153. 60 Mm. 67 ½ Gr. Schwach verg., gut erhalten. *Abgebildet Tafel VIII.*

532 **Salzburg. Marcus Sitticus, Graf von Hohenems.** Goldene Med. 1612. · MARCVS · SITTICVS · D: G: ARCHIE: SAL: SED: AP: LE: Sein Brustb. n. l. Rv. · QVI · FVNDASTIS · PROTEGITE · 16IZ Zwei sitzende Heilige, zwischen ihnen verz. Schild mit dem Stifts- und Familienwappen, oben Cardinalshut u. Kreuzstab. Zeller 1. 40 Mm. 48,8 Gr. Treffliches Porträtstück von schönster Erhaltung.

Abgebildet Tafel IX.

533 **Treviso. Bernardo Rossi,** Graf v. Borceto, Bischof. 1499—1527. Bronzemed. o. J. (v. Francia). BER · RV · CO · B · EPS · TAR · LE · BO · VIC · GV · ET · PRAE Sein Brustb. in geistl. Gewande n. r. Rv. OB VIRTVTES IN — FLAMINIAM — RESTITVTAS Stehende weibliche Figur auf einem Wagen, welcher von einem Adler u. einem Drachen gezogen wird. Arm. II. 105. 19. 66 Mm. S. schön.

Abgebildet Tafel IX.

534 **Trier. Johann VII. v. Schöneburg.** Ovale verg. Porträtmed. 1586. IOAN · D · G · ARCHIEP · TREV · P · ELECT Brustb. m. Mütze fast v. vorn, etwas n. r. Rv. Dreifach beh. Wappen. Zwischen der Helmzier verteilt: 1 — 5 — 86 Bohl 21. 36/30 Mm. 17 Gr. Mit Tragkette. Schönes Exemplar aus Sammlung Lanna.

Abgebildet Tafel VIII.

535 **Würzburg.** Julius Echter v. Mespelbrunn. Hohle Porträtmed. 1575. IVLIVS DG · EPIS: — WIRTZBVRG: ET Brustb. fast v. vorn, etwas n. r. Rv. FR — ANCIÆ — ORIENTAL — IS DV: Dreifach behelmtes Wappen auf Schwert u. Krummstab. Oben: 1575 46 Mm. 16 Gr. Geh. Schön.

536 Porträtmed. o. J. IVLIVS D · G · EPISCOPVS WIRTZBVRG: Brustb. fast v. vorn, etwas n. r. Rv. ET FRANCIÆ — ORIENT: DVX Wappen wie vorher. 32 Mm. 6 ½ Gr. Verg. Schön.

Weltliche Fürsten.

537 **Bayern. Ludwig X.** Porträtmed. 1540. LVDOVIC⁹ COMES PALATIN⁹ RHENI VTRIVSQ BAVA ∘ DVX ∘ Brustb. m. Pelzrock und flachem Hut n. l., daneben: 15 — 40 Rv. FLOREAT ∗ SEMPER ∗ BAVARIÆ ∗ REGIO ∗ Nach r. schreitende Bavaria mit der Linken den Schild, in der Rechten einen Zweig haltend. Wittelsbach 270. Sch. 5522. 30 ½ Mm. 18 Gr. Schön. *Abgebildet Tafel VIII.*

538 **Lauenburg. August.** Ovale g o l d e n e Porträtmed. 1614. AVGVSTVS DVX SAXONIÆ ANGAR · ET W: Geharn. Brustb. mit Spitzenkragen n. l. Rv. DVRA · PATI · VIRTVS · 1614 · Dreifach beh. verziertes vierfeld. Wappen. Zu Schmidt 75. 38/31 Mm. 20 ½ Gr. Mit Öse. S. schön. *Abgebildet Tafel IX.*

539 **Pfalz.** *Kurlinie Simmern.* **Friedrich V., der Geduldige.** Ovale Med. 1619 (v. C. Maler) auf d. böhm. Königskrönung. FRID · D · G · REX BO · C · PAL · ELECT · D · BA · M · MOR · D · SIL · M · / LVS · Brustb. in verz. Harnisch n. r., am Armabschnitt: C · M · Rv. FRIDERI: / D: G: COM: PALAT: / etc. in 11 Zeilen. In der Mitte in einem Oval 5 Hände, eine Krone emporhaltend; unten Pfeilbündel. Exter I. No. 89. Franks. 225. 83. v. Loon II. 120. 4. Don. 2032. 42/35 Mm. 19 Gr. Leichte Henkelspur, sonst s. g. e.

540 **Pommern. Philipp I.** Med. 1541 (v. Math. Gebel?). V: G · G · PHIL: I: H: Z: STETIN · POMERN · DER · CASS Brustb. r. Rv. V · WENDEN · FVRST · Z · RVGN: V: G · Z · GVTZKOAW · MDXLI Behelmtes, neunfeld. Wappen. Her. T. 46. 11. Liebeherr p. 3. 7. 26 Mm. 10,7 Gr. Geh. Verg. Hervorragend feine Arbeit u. treffl. erhalten. *Abgebildet Tafel IX.*

541 **Franz u. Sophia,** Tochter v. Kurfürst **Christian I. v. Sachsen.** Ovale getriebene Hohlmed. 1616. V · GG FRAИTZ · H · Z · SP · VGG · ƧOPHIA G · ZSHZ · P Die Brustbr. nebeneinander, am Armabschn: 1616 Rv. CF — EV — HA — Æ — VS — H – D — H D Ovaler geteilter Wappen-Schild auf verzierter Cartouche. Tentz. 23. II. 40/32 Mm. 13 Gr. Interessante Arbeit. Geh. S. Schön. *Abgebildet Tafel IX.*

542 **Bogislaus XIV.** Ovale goldene Medaille 1636. BOGISLAVS · XIV · DG · DVX · S · P · C · ET · V · P · R · 1636 · Geharn. Brustb. mit Spitzenkragen n. r. Rv. ✱ EP ∗ CAM ∗ CO ∗ GVTZK ∗ TER ∗ LEOB ∗ ET ∗ BV ∗ DOM Beh. Wappen zw. beh. Schildhaltern. 32/24 Mm. 11,7 Gr. Mit Öse. Von schönster Erhaltung. *Abgebildet Tafel IX.*

543 **Sachsen. Friedrich d. Weise.** Kleine Porträtmed. 1513. FRID ∘ ELECT ∘ IMPO 3 — LOCVM ∘ TES ∘ GENLIA Bärt. Brustb. mit Drahthaube n. rechts; zu den Seiten in d. Umschrift Kur- u. Balkenschild. Rv. ∗ MAXIMILIANVS ∗ RO ∗ REX ∗ SEMPER ∗ AVGVST' Einköpf. Adler n. l. mit dem österr.-burgund. Wappen auf d. Brust, neben d. Kopfe: 15 — 13 T. 2. IV. 21 Mm. 4,8 Gr. Schöne Arbeit u. Erhaltung. *Abgebildet Tafel X.*

544 **Joh. der Beständige u. Joh. Friedrich.** Medaille 1530 (v. David Enderlein). ∔ IOAN ∔ PAT ∔ ET ∔ IOAN ∔ FRID ∔ F ∔ EVANGE ∔ CONFESS ∔

INVICTISS Die beiden Brustbr. mit breiten Mützen, darüber der sächsische Kurschild, unten: · 1 · 5 · 30 · DE Rv. ⁎ ET · LOQVEBANTVR · SERMONEM · DEI · CV · FIDVCIA ⁎ ACTO · 4 · 4 Personen vor dem thronenden Hohepriester Hannas (Kurfürst Albrecht v. Mainz?), links DE, rechts Schild, worauf: 3Z v. Mieris II. 336. 2. Tentz. 5. VII. Junck. p. 111. 44 Mm. 21 ½ Gr. Verg. Henkelspur. Gut erh.

545 **Johann Friedrich d. Grossmütige** allein. 1532—54. Porträtmed. 1536 a. d. Bestätigung des schmalk. Bundes durch den Convent in Frankfurt a. M. ⁎ CONTRAFRAIT WRA ⁎ IOAN ⁎ FRIDERICI ⁎ ELECTORIS etc. Erhabenes Brustb. v. vorn, etwas n. r. im Pelzrock u. mit umgelegter Ordenskette. Rv. ⁎ NON ⁎ FRVSTRA ⁎ GLADIVM ⁎ GESTAT ⁎ NAM ⁎ DEI ⁎ MINISTER ⁎ EST ⁎ VLTOR ⁎ AD ⁎ IR Turnierszene. Tentz. T. 9. I. 43 Mm. 25 ½ Gr. Sehr gut erh.

546 Medaille 1547 a. d. Schmalkaldener Krieg. ✝ IOANNES FRIDERICVS DVX ELECTOR SAXONIAE DMXLVII Bärtiges Brustb. n. r. Rv. VEROE RELIGIONI ET — LIBERTA GERMA PRO Behelmter Schildhalter zw. den beiden Wappenschilden. Tentz. T. 12. IV. Dassd. 254. 34 Mm. 16 ½ Gr. Schön. *Abgebildet Tafel IX.*

547 *Altes Haus Weimar.* **Johann Wilhelm.** Porträtmed. 1560 auf seine Vermählung in Heidelberg mit D o r o t h e a S u s a n n a v. d. P f a l z. VON: G: G · IO · WIL · H · Z · SACH · LAND · IN · DVRI · V · M · Z · M Erhab. Brustb. mit Barett v. vorn. Rv. ICH ⁎ VORTRAV — ⁎ GOT ⁎ 15 DS 60 Dreifach beh. Wappen. Tentz. —. Ext. —. Dassd. 1911. 30 Mm. 10 ½ Gr. Schwach verg. Mit Tragring. Gut erh.

Abgebildet Tafel IX.

548 *Altes Haus Gotha.* **Johann Ernst.** Ovale Med. 1628 a. s. 62. Geburtstag. D: G · IOHAN · ERNESTVS · DVX · SAXONIÆ · ÆTATIS · / · LXI · I (Arabeske) Brustb. v. vorn. Rv. Unten beginnend: ⁎ LAND: THVR: M: MIS: COM: M: ET RAVENSB: D RAVENST · IX · IVLI · Im Felde: VER / BVM DO / MINI MA / NET IN / ÆTER / NVM / 1628 Tentzel —. (Seite 313—15 als unauffindbar erwähnt.) 29/23 Mm. 8 ½ Gr. Kaum merkl. Henkelsp. Vergold. Schön.

Abgebildet Tafel IX.

549 *Albert. Kurlinie.* **August u. Joh. Georg v. Brandenburg.** Medaille o. J. : AVGVSTVS · D · G · DVX · SAXONIÆ · ET ELECTOR Kniebild in Rüstung n. r.; die Rechte fasst das geschulterte Schwert, die Linke stützt sich auf den auf einem Tisch vor ihm stehenden Helm. Rv. IOHANNES GEORGIVS D G MARCHIO BRANDEBVRG Geharn. Hüftbild mit Kommandostab n. l. Av. v. Tentzel 21. X. 43 Mm. 25 Gr. Älterer Guss mit Einfassung u. Tragring. Sehr gut erhalten.

550 **Christian I.** Med. 1591 a. s. Tod (v. Tobias Wolf oder Val. Maler). CHRISTIAN · D · G · DVX SAX · ET ELEC Geh. Hüftbild n. r. Die Rechte hält den Feldherrnstab, die Linke ist in die Seite gestemmt, davor auf einem Tische der Helm. Rv. DRESDÆ / NATVS EST AN= / NO MDLX · XXIX · / OCTOBRIS ANTE HO= / RAM IIII MATVTINAM / IBIDEM EXPIRAVIT AN= / NO MDXCI · XXV · SEPT · / ANTE HOR · VII · MATVTI

=/ NAM · / IN CHRISTO MORI=/ ENS COELICA / REGNA TE=/ NET · Zu Tentz. 21. X. 45 Mm. 28 ¾ Gr. Mit stark profiliertem Rand. Sehr schön.
Abgebildet Tafel X.

551 **Schlick. Stephan u. Lorenz.** Med. 1533 (v. David Enderlein). HER ❧ — STEIFFAN ❧ SCLICK ❧ GRAF · ZV · BA — SSAN (u. kleines Familienwappen). Brustb. in breitem Hute n. l. zw. 1 · 5 — · 33 · Rechts über d. Jahrzahl Monogr. DE Rv. HER · LORENTZ · SCLICK · GRAF · ZV · BASSAN (u. kl. Familienwappen). Brustb. in blossem Haupte n. l. zwischen 1 · 5 · — · 33 · Links unten Monogr. DE Böhm. P. M. 424. Doneb. 3739. 40 Mm. 20,8 Gr. Verg. Von schönster Erhaltung.
Abgebildet Tafel X.

552 **Stephan, Lorenz u. Catharina Schlick.** Med. 1534 (v. demselben). HER ✤ STEIFFAN ✤ SCLICK ✤ GRAF ✤ ZV ✤ BASSAN ✤ (u. kl. Familienwappen). Brustb. in breitem Hute n. r e c h t s, darunter: 1 · 5 · 26 · DE · 35 · Rv. LAVRENTIVS ✖ SCHLICK ✖ COMES ✖ KATHARINA ✖ CONIVNX ✖ D ✖ Die beiden Brustbr. n. links zw. 15 — 34 unten Monogr. DE Fiala 321. Böhm. P. M. 428. Doneb. —. 41 Mm. 16,5 Gr. S. schön.
Abgebildet Tafel X.

553 **Stephan** allein. Schauthaler 1526 a. s. Tod in d. Schlacht bei Mohacs (v. Utz Gebhard). Äussere Umschrift: ✢ DOMINVS ꞉ STEPHANVS ꞉ SLICK ꞉ COMES ꞉ DE ꞉ PASSAVN ꞉ ET ꞉ C Innere Umschrift: (Gekr. Köpfchen v. vorn) ANNO∘DOMINI∘M∘D∘XXVI∘ETATIS∘SVE∘XXXX Brustb. mit breitem Hut n. l. Rv. ꞉PRO ∘ PATRIA ∘ PVGNANDO ∘ CONTRA ∘ TVRCAM ∘ OPPETIIT꞉ Dreifach beh. Wappen. Doneb. 3778 (Var. mit ∘ PRO). 43 Mm. 28 Gr. Schwache Henkelsp., sonst schön.

Italien.

554 **Florenz. Cosmus I.** Bronzemed. o. J. (v. Domenico di Polo). · COSMVS · MED · · II · REI · P · FLOR · DVX Geharn. Brustb. n. r. Rv. ✱: ANIMI: CONSCIENTIA: ET: FIDVCIA: FATI: Steinbock n. l., darüber 8 Sterne. Arm. I. 144. 2. 34 Mm. Schön.

555 Desgleichen o. J. (v. Galeotti). COSMVS · MED · FLOREN · ET · SENAR · DVX · II · Brustb. n. r. Rv. · VICTOR · VINCITVR · Vor einem Palast mit dem Medici-Wappen überreicht ein antiker Krieger einem anderen Schwert und Malteserkreuz. Arm. II. 198. 12. 43 Mm. Sehr schön.

556 Desgl. COS · MED · MAGNVS · DVX · ETRVRIÆ · Brustb. n. r. Rv. P · V · P · M · OB EXIM DIL · etc. Gekr. Wappen d. Medici. Arm. II. 199. 14 (III. p. 111. X.). 43 Mm. Gel. Sehr schön.

557 Bronzemedaillon o. J. (v. Selvi). COSMVS · I · D · G · — MAGN · DVX · ETRVR · Sein geharn. Brustb. n. r. Rv. FIDEM · FATI · VIRTVTE · SEQVEMVR Sternbild des Widders. 85 Mm. Schön.

558 **Venedig. Andrea Gritti.** Bronzemed. 1534 (v. Andr. Spinelli). ANDREAS · GRITI · DVX · — · VENETIAR · MDXXIII · Sein bärt. Brustb. mit Dogenmütze n. l. Rv. ✤ DIVI · FRAN — CISCI · MDXXXIIII ✤ Die Kirche San Francesco delle Vigna in Venedig. Im Abschn.: · AN · SP · F · Arm. I. 155. 4. 37 Mm. Geh. Schön.

Schweiz.

559 Grosse Schaumünze o. J. (Patenpfennig) (v. Stampfer). Göttliche Hand hält ein kreisförm. Band, an welchem die Wappenschilde der 13 alten Orte befestigt sind. Rv. 2 Engel halten ein grosses Kreuz, worauf vertieft die Inschrift: SI DEVS NOBIS CVM — QVIS CON — TRA NOS Aussenherum die Wappenschilde der 7 zugewandten Orte. Haller 30. Wunderly 3501. 77 Mm. 82 Gr. Fein ciseliertes, teilweise altvergoldetes Original. Schön.
Abgebildet Tafel X.

Personen.

560 **Barbarossa,** I. Bey von Algier, gest. 1547. Bronzemed. o. J. (v. Neufarer). BARBA — ROSSA · N Bärt. Brustb. m. Turban n. r. Rv. 3 Zeilen arabische Schrift in Kranz. Fonrobert 5519. 27 ½ Mm. Wellenheim 13167. Sehr gut erhalten.

561 **Boiceau,** Jacques. Intendant der Gärten Ludwig XIII. Bronzemed. 1624 (v. Dupré). IACQVES • BOICEAV • SR • DE • LA • BARRAVDERIE • Brustb. n. r., darunter: AB • DVPRE • F • 1624 Rv. NATVS • HVMI • POST • OPVS • ASTRA • PETO 6 Schmetterlinge in einer Landschaft. 70 ½ Mm. Sehr schönes Exemplar aus Sammlung Lanna.
Abgebildet Tafel XI.

562 Av. d. gleichen Medaille in Goldbronze. 70 Mm. S. schön.

563 **Brechtel,** Stephan der Ältere. Schreib- u. Rechenmeister, Mathematiker u. Heraldiker in Nürnberg, geb. zu Bamberg 1523, † 1574. Ovale Medaille 1556 (v. Matthäus Schaffer). ⊛ STEPHAN BRECHTL · ARITH · AET: ANNO · XXXIII Erhab. Brustb. mit langem Bart n. l., am Armabschnitt vertieft: 15 M S 56 · Rv. ⊛ VOCATIO VIA STRICTA · SED LILIO SVAVIOR EST Behelmter Wappenschild mit Helmdecke. Imh. p. 700. 12. 27/22 Mm. 9 ¼ Gr. Geh. Verg. S. schön. *Abgebildet Tafel X.*

564 **Campi,** Julius. Maler in Cremona, † 1572. Bronzemed. IVLIVS CAMPVS CRE · PICTOR Erhab. Kopf n. l. Rv. ATPO — ΠΟΣ Aschenurne in Lorbeerkranz. Arm. II. 207. 22. 38 Mm. Schön.

565 **Caraffa,** Carlo, Cardinal. Einseit. Bronzemed. 1557 (v. Pastorino). CAROLVS CARRAFFA CARD · Bärt. Brustbild mit Barett n. r., am Armabschnitt vertieft: 1557 P · Zu Arm. I. 190. 15 (zweiseitig). 64 ½ Mm. Gel. Sehr gut erh.

566 **Caraffa,** Hieronymus. Bronzemed. 1624. HIER · CARAPHA MARCH · PRINCEPS MONT NI — SAC · RO · IMP · & CAP · AC · L · T · GN · S · FERD · 2 · IMP · Geh. Brustb. n. l. Am Armabschnitt: MDCXXIIII Rv. Phönix auf Scheiterhaufen n l. 54 Mm. S. g. e.

567 **Casoli,** Thadaeus. Bronzemed. 1383. THADEVS CASOLVS IVRC Brustbild mit Mütze n. l. Rv. CALVMNIA I L SVBACTA CAESA Nach links laufende zurückgewandte Frau mit Fackel u. steh. Casoli. Oben ein fliegender Genius. Im Abschnitt: MCCCLXXX / III Arm. III. 153 B. 58 Mm. Sehr schön. *Abgebildet Tafel XI.*

568 **Castaldi**, Joh. Bapt., General Carl V., † 1562. Bronzemed. o. J. (v. ANIB ·). IO · BA · CAS · CAR · V · CAES · FER · RO · REG · E · BOE · RE · EXERGIT · (sic!) DVX · Sein Brustb. mit langem Barte n. l. Rv. CAPTIS — SVBAC · FVSISQ · REG · NAVAR · DACIÆ · OLIM · PERSA · TVRC — DVCE Der General in römischer Tracht nimmt die Huldigung dreier Personen entgegen. Wh. 13424. Arm. I. 175. 3. 46 Mm. Schön.
Abgebildet Tafel X.

569 **Cato.** Ovale Bronzeplakette mit seinem Brustbild n. r. Mol. 56. Bode 574. 32/26 Mm. Sehr schön.
Abgebildet Tafel VII.

570 **Cesi**, Federigo, Cardinal (1544—65). Bronzemed. o. J. (v. Bonzagna). Brustb. n. l. Rv. Justitia u. Clementia. Arm. I. 221. 2. 34 Mm. S. schön.

571 **Collalto**, Joh. Bapt. Bronzemed. 1560 (v. Parmense). Geharn. Brustb. n. l. Rv. · POST · TENEBRAS · SPERO · LVCEM · MDLX Beh. Wappen etc. Arm. I. 221. 3. 36 Mm. Schön.

572 **Deciano**, Tiberio, Rechtsgelehrter, † 1581. Bronzemed. (v. Cavino). Brustb. n. r. Rv. Knieender Deciano vor einer sitz. u. 2 steh. Figuren. Arm. I. 180. 13. 36 Mm. Schön.

573 **Evertsen**, Cornelius, Niederländ. Admiral. Getriebene Hohlmedaille 1666 (v. O. Müller). Erhab. Brustb. v. vorn, halbrechts, vor Armaturen. Oben 2 Tritonen, einen Lorbeerkranz über das Brustbild haltend. Rv. (vertieft) HIER STRYCKT HET BRITSCH GEWELT etc. Seeschlacht. v. Loon II. 550. 1. Franks I. 523. 171. 77 Mm. 109¾ Gr. Sehr schön.

574 **Friess**, Johann, Pädagoge in Zürich. Med. 1540. IMAGO IOANNIS — FRISII · Æ — TA · SV · 36 · 1540 · Brustb. mit langem Bart n. links. Rv. Der Tod reicht einem Edelmann das Stundenglas. Haller 198. 38 Mm. 31 Gr. Mit Henkel. Sehr schön. Aus Sammlung Lanna.
Abgebildet Tafel XI.

575 **Grumbach**, Wilhelm v., geb. in Franken 1503, hingerichtet zu Gotha 1567. Einseit. Bronzemed. o. J. Brustbild mit Mütze, eine Flinte haltend, auf einem Stuhl. Auf der Rückseite eingraviert: Vogel 74 Mm. Spätere Arbeit. Schön.

576 **Hacker**, Stephan senior u. junior. Porträtmed. o. J. STEPHAN ✠ HACKER ✠ AETATIS ✠ SVAE ✠ LIIII Brustb. m. langem Bart n. r. Rv. ✠ STEPHAN ✠ HACKER ❁ IVNIOR ❁ ETATIS ❁ SVA · XIX Jugendl. Brustb. mit Mütze n. l. 34 Mm. 18 Gr. Henkelspur. Schönes Ex. aus Sammlung Lanna. *Abgebildet Tafel XI.*

577 **Harder**, Andreas. Ovale Med. 1594. ❁ ANDREAS · HARDER · AET · LXXXII · 1594 Bärt. Brustb. in Pelzrock u. mit Halskrause n. r. Rv. Reichverziertes Wappen, daneben: 15 — 94 59/45 Mm. 59½ Gr. Geh. Schön. *Abgebildet Tafel XI.*

578 **Huss**, Johannes. Goldene Medaille. + CREDO · VNAM · ESSE · SCAN · CATHO · ECCLE Brustb. mit hoher Mütze n. r., daneben: IOAN — HVS Rv. Doppelte Umschrift. ❁ CENTVM · REVOLV · ĀNIS · DEO REDD · ROEM̄ : / · ET · MICHI · — · CON · NAT · Huss n. r. auf dem Scheiter-

haufen, vor ihm: 1415 v. Mieris I. 29. 5. Doneb. 3440. Junck. p. 33. 33 Mm. 7 Gr. Sehr gut erhalten.

Abgebildet Tafel XI.

579 **Hutten,** Ludwig von, Vetter Ulrichs von Hutten. Eins. Med. 1548 (v. J. Deschler). LVDWIG VON HVTTEN RITTER ANNO • 1548 Brustb. n. l. 35 Mm. 11 Gr. Vorzügliche Arbeit u. Erhaltung. Aus Sammlung Lanna.

Abgebildet Tafel XIII.

580 **Joerger zu Tollet,** Wolfgang. Verg. Bronzemed. 1518. HERR • WOLFGANG • IÖRGER • ZV • TOLET • RITTER • ROM • KHAY • MAY • ZC • Brustb. mit Drahthaube, Wams u. Kette n. links zw. 15 — 18 Rv. RAT • VND • LANDSHAVBTMAN • IN • ÖSTERREICH • OB • DER • ENS • Beh. Wappen. Bergm. I. 146. 34 (T. XI. 49). 54 ½ Mm. Mit angeprägtem Henkel. Sehr gut erh.

Abgebildet Tafel XII.

581 **Kriebel,** Joh. Med. 1574. ❀ IO KRIBEL · ÆTATIS · SVÆ · XL · Hüftbild fast v. vorn, etwas n. l. Rv. ❀ NEMINEM · METVIT · INNOCENS Monogramm zwischen 15 — 74 42 Mm. 22 Gr. Alter verg. Guss. Mit umgelegtem Ring u. Traghenkel. Schönes Ex. aus Sammlung Lanna.

Abgebildet Tafel XII.

582 **Lipsius,** Justus, holl. Philolog u. Antiquar. Bronzemed. 1601 (v. Jonghelinck). IVSTVS LIPSIVS AET · LI Sein bärt. Brustb. in Pelzmantel u. breiter Halskrause n. r. Am Armabschnitt vertieft: · 1601 · Rv. ❀ MORIBVS ANTIQVIS RES STAT ROMANA VIRISQVE Weibl. Kopf mit röm. Helm n. r., darunter 2 verschl. Hände; im Felde l. Augurstab, r. Fasces. Simonis p. 178 u. pl. XVI. 2. 44 ½ Mm. Sehr schönes Exemplar mit hellbrauner Patina. *Abgebildet Tafel XII.*

583 **Lobkowitz,** Zdenko Adalbert. Dickthalerförm. Med. o. J. ✱ SDENCO ' AD ' D ' G ' SR ' I ' PRINC ' D ' LOBCO Geharn. Brustb. n. r. mit breitem Spitzenkragen. Rv. Vierfeld. Wappen, darüber Fürstenhut umgeben von der Vliesskette. Sch. C. 5272. Mad. 1656. Don. 3559. 37 Mm. 29 ¾ Gr. Verg. Leichte Henkelsp., sonst sehr gut erh.

584 **Luther,** Martin. Med. o. J. (v. Michael Hohenauer). OS · ET · SAPIECIA · DABO · VOBIS · CVI · NO · POTERT · COT DICERE · ZC ⁝ Brustb. Luthers m. Barett und pelzbesetztem Mantel n. l., daneben: MA — LVT · / ECS — WIT oben · LV · ZI · Rv. · IN · SILENCIO · ET · SPE · ERIT · FORTITVDO · VESTRA · ESA · 30 Kreuz auf Herz in Rosenblatt. Junck. p. 533. 42 Mm. 19 ¼ Gr. Verg., leichte Henkelsp., sonst schön.

Abgebildet Tafel XII.

585 Desgleichen 1537. MARTINVS • LVTHERVS (Blümchen) PROPHETA • GERMANIAE • MDXXXVII • Brustb. mit Mütze fast v. vorn, etwas nach rechts, in d. Händen ein Buch. Rv. IN • SILENTIO • ET • SPE • ERIT • FORTITVDO • VESTRA • MDXXXVII • Zwei Engel halten einen Schild mit einer Rose, auf welcher ein mit einem Kreuz bestecktes Herz. v. Mieris II. 470. Juncker p. 132. 46 Mm. 27 Gr. Sehr schöne Arbeit und Erhaltung. Aus Sammlung Lanna.

Abgebildet Tafel XII.

586 **Malatesta**, Sigm. Pandolfus. Bronzemed. 1447 (v Matteo de Pasti). SIGISMVNDVS PANDVLFVS · MALATESTA · Kopf n. l. Rv. PONTIFICII · EXERCITVS · IMP · M · CCCCXLVII Arm mit Palmzweig. Arm. I. 21. 18. 32 Mm. Schön.

587 Zweites Exemplar, dunkle Patina. 31 ½ Mm. Sehr schön.

588 **Melanchthon**, Philipp. Silberne Porträtmedaille 1543 von Fr. Hagenauer. ⁂ PHILIPPVS MELANTHON · A° · ÆTATIS SVÆ · XLVII · Brustbild mit Barett und Mantel n. l., davor im Felde: H · Rv. PSAL · 36 · / SVBDITVS ESTO / DEO E ORA EVM · / ANNO · / M̄ · D̄ · XLIII · / ⁂ Vgl. v. Mieris III. 68. 1 und Erman III. 2. 46 Mm. 27 ½ Gr. Treffliches Exemplar von ganz besonderer Schönheit.

Abgebildet Tafel XII.

589 Ähnliche Porträtmedaille 1543 von Hagenauer in Bronze. Im Av. XLVII ⁂ * u. im Rv. 'E (statt E) ORA Ohne Signatur des Künstlers. 46 Mm. Kleines Loch. Ausgezeichnet schönes Exemplar von grosser Feinheit u. Schärfe.

Abgebildet Tafel XIII.

590 Silberne Medaille 1546 v. Hagenauer. * PHILIPPVS MELANTHON · ANNO ÆTATIS SVÆ L * * Barhäuptiges Brustb. n. links, davor im Felde Monogramm H · Rv. PSAL · 36 · / SVBDITVS ESTO / DEO 'E ORA EVM · / ANNO · / M̄ · D̄ · XXXXVI / ⁂ Vgl. v. Mieris III. p. 68. 2. (von 1543). 39 Mm. 16 ½ Gr. Tragring. Schönes vergold. Exemplar.

Abgebildet Tafel XIII.

591 Zweites Exemplar. 39 Mm. 14 Gr. Henkelspur, sonst sehr gut erh.

592 **Morelli**, Maria Maddalena, ital. Stegreifdichterin. Bronzegussmed. 1776 auf ihre öffentliche Krönung in Rom. Belorb. Brustb. n. r. Rv. QVI MALEDICTVNT — DIEI 5 Wilde, Pfeile nach der Sonne schiessend. 81 Mm. S. schön.

593 **Müllch**, Christof, Augsburger Patrizier. Bronzemed. 1534 (v. Christof Weiditz). • CHRISTOPHORI · MVELICHI · M · D · XXXIIII · ÆTAT · SVÆ · ANN · XXXX Bärt. Brustb. halbl. Rv. • FEMINEO · IMPERIO · MITESCVNT — EFFERA · CORDA · Mädchen einen Löwen führend n. l. Im Abschnitt Maskenverzierung. Habich, Jahrbuch der preuss. Kunstsammlungen, 34. Bd. 1. Heft. Abbild. 11. Hübsche Arbeit. Sehr gut erh.

Abgebildet Tafel XIII.

594 **Musculus**, Paul, Brandenburgischer Hofprediger. Porträtmed. 1565. PAVLVS MVSCVLVS — NCIAT · F · G · V · B · HOFBREDIGER 1565 Bärt. Brustb. n. l. Am Armabschnitt: ÆT · 86 Rv. VNSCHVLT MACHT — GEDVLT Behelmtes Wappen. 31 Mm. 14 ½ Gr. Verg. Geh. Vortreffliches Exemplar aus Sammlung Lanna (ursprünglich Garthe in Cöln).

Abgebildet Tafel XIII.

595 **Perrenot**, Anton, Cardinal Granvella (1561—86). Bronzemed. 1561. ANT · PERRENOT · S · R · E · PBRI · CARD · ARCHIEPI · MECHL · Brustb. mit Barett n. r., am Armabschnitt: 1561 Rv. DVRATE Neptun in einem von 2 Seepferden gezogenen Wagen, das Schiff des Aeneas bedrohend. Arm. II. 255. 38. v. Loon I. 59. 1. 58 Mm. Sehr schön.

Abgebildet Tafel XIII.

596 **Pfinzing,** Melchior, Probst v. St. Alban in Mainz. (Verfasser des „Theuerdanck") u. 4 Brüder. Medaille 1519 (v. Hans Schwarz), CONCORDIAE ∗ FRATERNAE ∗ Die 5 Brustbilder n. links. Rv. ∗⁑∗/∗EFFIGIES∗/∗ SIGISMVNDI∗MELCH / IORIS · PREPOSITI · ECCLE / SIE · SANCTI · ALBANI · MO / GVNTINENSIS ∗ VDALRICI · / ABBATIS · SANCTI · PAVLI · / VALLIS · LAVINII ∗ SEYFRI / DI · ET∗MARTINI ∗ PFIN / CZING · FRATRVM: / · ANNO · M · CCCCC · ∗XIX ⁑∗ Beiderseits feingeperlter Kreis. Erman S. 21. Habich Abb. 52. 43 Mm. 21 Gr. Ausgezeichnete Arbeit von tadelloser Erhaltung. Ursprünglich in Sammlung Völcker, Amsterdam (Auktion 1888).

Abgebildet Tafel XIII.

597 **Richelieu,** Armand de, Cardinal. Bronzemed. 1631 (v. Jean Warin). ARMANVS IOAN CARD · DE RICHELIEV · Sein Brustb. in geistl. Gewande n. r., darunter: · I · WARIN · Rv. · MENS — SIDERA VOLVIT · Genius den Sternenkreis um den Erdball drehend. Im Abschn.: ∗ 1631 ∗ Trés. T. 28. 1. 51 Mm. Schön.

598 **Rostaing,** Raoul de. Bronzemed. o. J. RAOVL · DE · ROSTAING · BARON · ET · CAPITAINE · ALLEMAND · 1324 Geharn. Büste auf kleinem Sockel n. r. Rv. FRANCE · IE SERAY — POVR · VOVS · ENVERS TOVS — ET · CONTRE · TOVS · Thronende Gallia, vor ihr knieender Krieger, hinter welchem Schweizer Truppen mit fliegender Fahne stehen. Oben Viktoria. Tr. N. I. pl. 64. 6. 64 Mm. Sehr schön.

Abgebildet Tafel XIV.

599 **Ruyter,** Mich. de, holl. Admiral. Getriebenes Medaillon 1666 (v. O. Müller) auf s. Seesieg über die Engländer. (Vertieft) + DE RUITER DIE DEN BRIT SYN MOET etc. Sein Brustb. v. vorn, etwas n. r. in verzierter Cartouche, oben abgeschlossen durch 2 Putten, die eine Krone halten, unten abgeschlossen durch ein Band worauf (vertieft): M · A · D · RUYTER · — LUYT — ADMIRAAL: GEN Rv. (vertieft) ∗ HIER STRYCKT HET BRITSCH etc. Seeschlacht, vorn ein sinkendes englisches Schiff. Van Loon II. 549. 2. Franks I. 522. 168. 76 Mm. 89 Gr. Schön.

600 **Salm-Reifferscheid-Dyck,** Constanze, Gemahlin Josephs, geb. 1767, † 1845. Einseit. Bronzegussmed. 1829 (v. David) mit ihrem erhabenen Brustb. n. r. 120 Mm. Gel. Schön.

601 **Schrötl von Schrotenstein,** Georg d. Ältere, kaiserl. Rat und niederösterr. Kammerbuchhalter. Klippenförmige Med. 1583. (Arabeske) GOTT (Arabeske) / (Arabeske) GIBT (Arabeske) / (Arabeske) ALLES (Arabeske) / (Arabeske) 1583 (Arabeske) Sein Brustb. n. r. Rv. · GEORG · SC / HRÖTL · RO: KAI: MT / · RAT · VND · N: O: C: / BVECHHAL · Reichverz. 3feld. Wappen mit Helm u. Helmzier. Well. 14753. Zu Plato 382. 34 Mm. 14 ½ Gr. Ganz leichte Henkelsp. Schön.

602 **Sforza,** Faustina, Gemahlin des Marchese de Caravaggi-Muzio. Eins. Bleimed. o. J. (v. V. G. L. F. F.). FAVSTINA · SFORTI — MARCH · CARAVAGII · Ihr Brustb. mit Witwenschleier n. r. Am Armabschn.: · V · G · L · F · F · Arm. I. p. 220. 69 ½ Mm. Schön.

603 **Torre,** Gianello della, Ingenieur aus Cremona, im Dienste Carl V. Bronzemed. (v. Leone Leoni). IANELIVS · TVRRIAN · CREMON · HOROLOG · ARCHITECT Brustb. n. r. Rv. VIR — TVS „Der Brunnen der Weisheit" dargestellt durch eine Frauengestalt, die auf dem Kopfe eine Urne trägt, der nach zwei Seiten Wasser entströmt, welches von Personen in verschiedenen Stellungen u. Gefässen aufgefangen wird. Im Abschn.: NVNQ: DEFICIT Arm. I. 170. 38. 79 Mm. Rand abgedreht, sonst schön. Hellbraune Patina.

Abgebildet Tafel XIV.

604 **Trivulzio,** Giangiacomo. Bronzemed, 1499 (v. Ambrogio Foppa). IO IACOBVS TRIVVLs ▲ MAR ▲ VIG ▲ FRA • MARESCLVS • Geh. u. bel. Brustb. mit langem Haar; in den Ecken 4 Wappen. Rv. 1499 / APVGNATA AL(E) / XANDRIA : DELETO / EXERCITV: LVDOVI / CVM • SF • MLI DVC / EXPELLIT • REVER / SVM • APVD NOVA / RIAM STERNIT / CAPIT / (Blatt) Arm. I. 110. 11. Trachsel 1093. 45 Mm. Sehr schönes Original, aber mit abgerundeten Ecken.

Abgebildet Tafel XIII.

605 Desgleichen o. J. IO • IA • TRI • MAR • VIGLE • E • FRAN • MARESCAL • Brustb. in Mütze n. rechts. Rv. • ME • DVCE • TVTVS • ADIEIS • ASTRA • Stehende Viktoria mit Palmzweig u. Caduceus. Arm. II. 103. 6. Trachsel 1094. 38 Mm. Gel. Schönes Original.

Abgebildet Tafel XV.

606 **Trivulzio,** Gianfrancesco, Graf v. Mesocco. Desgleichen (v. P. P. Galeotti). IO · FRAN · TRI · MAR · VIG · CO · MVSO · AC · VAL · REN · ET · STOSA · D Geharn. Brustb. n. r. Am Armabschn.: AET 39 Rv. FVI – SVM – ET – ERO Venus von Tritonen umgeben, entschwebt dem Meere. Die 4 Winde blasen auf sie ein. Arm. II. 302. 13 bis. Trachsel 1108. 59 Mm. Gel. Schön.

607 **Tromp,** Martin, holländ. Admiral. Getrieb. Med. 1653 (v. Abeele). · MART · HERP · TROMP · R · L · ADM · V · HOLL · E · WESTV · Erhab. Brustb. fast v. vorn, etwas nach rechts. Am Armabschn.: PA · F · Darunter: A° 1653 Rv. OBYT — Æ 56 Behelmtes Wappen mit 2 Greifen als Schildhalter, darunter in einer Umrahmung Darstellung einer Seeschlacht. v. Loon II. 376. 1. Fr. 402. 32. 70 Mm. 69½ Gr. Von schönster Erhaltung.

Abgebildet Tafel XIV.

608 **Tromp,** Cornelius Evertsen, holl. Admiral. Getrieb. Hohlmed. 1666 a. d. Besiegung der englischen Flotte. (Vertieft) * SOO BEELDT MEN TROMP HIER AF, DES AMSTELS ADMIRAAL, HY STEECKT DE ZEE IN BRANDT, GELYCK EEN BLIXEMSTRAAL · A° 1666 · Brustb. von vorn, etwas n. r. in verzierter Cartouche, oben abgeschlossen durch 2 Putten, die einen Lorbeerkranz halten, unten durch ein Band, worauf vertieft: CORNELIS TROMP — LUYT — ADMIRAAL · V · HOLL · Rv. (vertieft) * HIER STRYCKT HET BRITSCH GEWELT VOOR NEDERLANT DE VLAGH DE ZEE HEEFT NOIT GEWAEGHT VAN ZULK EEN ZWAEREN SLAGH · Seeschlacht, vorn ein sinkendes englisches Schiff. v. Loon II. 550. 2. Fr. 172. 79 Mm. 84 Gr. Sehr schön.

609 **Wolff**, Jonas Paulus. Ovale Porträtmed. o. J. (v. Melchior). IONAS PAVLVS WOLFF · ÆTATIS · AN° LV Brustb. n. r. Am Armabschnitt: MC Rv. MODERATA DVRANT · Behelmtes Wappen. Plato 391. 45/38 Mm. 17 ½ Gr. Treffliche Arbeit u. Erhaltung.

Abgebildet Tafel XV.

610 **Ygelshofer**, Franz, kais. Rat in Wien. Med. 1564. FRANCZ * YGELSHOFER * RO * KAY * M * Z * RAT * Z * ALT * 53 * IAR * Brustb. v. vorn, etwas n. rechts, zw. 15 — 64 Rv. S — VVM * CVIQVE * — * PVLCHRVM * Zwiefach behelmtes Wappen. Doman. No. 228. 38 Mm. 20 Gr. Schwache Henkelspur. Gut erh.

611 **Zollikofer**, Lorenz, Fürstäbtisch St. Gallener Hofrichter u. Stadtammann zu St. Gallen. Med. 1575 (v. Stampfer). Zweizeilige Umschrift. Innen: LORENTZ ZOLLIKOFFER ALT 58 Aussen: VERSCHID DEN 10 TAG AVGVSTI IM 1577 IAR * Brustb. in Barett von vorn, etwas n. rechts. Rv. Behelmtes Wappen mit zweizeiliger Umschrift. Innen: W ∘ — D ∘ M ∘ — A ∘ I ∘ D ∘ 15 — 75 Aussen: * SI DEVS PRO NOBIS QVIS CONTRA NOS H. 304. W. 2698. 38 Mm. 17½ Gr. Treffliche Arbeit u. Erhaltung.

Abgebildet Tafel XV.

612 ? ? Einseit. Bleimedaille. 16. Jahrh. ALO: C: LVD: D · C · RO: F · CÆS: CONS: ARCH: Q · F · SVPR: CAMER: Erhab. geharn. Brustb. n. l. 57 Mm. Gel. S. schön.

Abgebildet Tafel XV.

613 Ovales Medaillon (17. Jahrh.?). Unter einem Vorhange das sehr erhabene Brustbild d. Madonna mit gefalteten Händen, hoher Krone u. reichverziertem Gewande, das vornen mit 2 Tauben geschmückt ist, von vorn. Rv. Knieender Heiliger (oder Mönch) der von einer Frau u. einem Engel mit einem Skapulier bedeckt wird, welches ein anderer Engel von oben bringt. Im Hintergrunde weibl. Figur mit Kreuz u. oben 4 Engelsköpfe. Beiderseits ein mit einem Band umwundener Lorbeerkranz, oben mit einem Engelskopfe verziert. 63/43 Mm. 63 ½ Gr. Verg. Sehr schöne interessante Arbeit von trefflicher Erhaltung.

Abgebildet Tafel XV.

614 Med. o. J. (v. Wenzel Jamnitzer). Unter einem vorn offenen Kuppelbau die Darstellung der Geburt Christi. Rv. ✠ EGO – SVM / ✠ VIA ✠ ET ✠ – ✠ VERI = / TAS * — N — EMO ✠ V = / ENIT ✠ AD — PATRĒ / NISI ✠ P — ERME ✠ Kreuztragender Christus von vorn mit fliegend. Mantel. Zu seinen Füssen Kelch u. Schlange. Beiderseits schmaler hoher Rand. Doneb. 4350. 59 Mm. 37 ½ Gr. Mit Henkel. Sehr gute Arbeit u. von schöner Erhaltung.

615 Medaille. CHRISTVS · Z · BETHLEHEM · GEBORN · V · EINER IVNGFRAVW AVSERKOHRN Chr. Geburt, links die Taufe Johanni. Rv. I STERN ERSCHEINT : IM · MORGENLANT DEM FOLGE DIE WEISEN ZVR HANT · Anbetung der Könige. Beiderseits oben Engelskopf. 62 Mm. 43 Gr. Verg. S. schön.

Abgebildet Tafel XV.

Plaketten.

Darstellungen aus der Mythologie und dem Altertume.

Satyr.

616 Hüftbild eines bärtigen Satyrs n. rechts; hinter ihm Thyrsusstab u. Ziegenbockkopf. In der rechten Hand hält er einen Krug, die Linke erhoben. Bronze oval. 107 ½×82 Mm. Ital. Arbeit, Ende des XV. Jahrh. (Wird Donatello zugeschrieben). Mol. 29 Anm. Bode 631. Gel. Schön. Pendant zu No. 491.

Abgebildet Tafel XVI.

Kentaur.

617 Kentaur nach links, mit der Rechten einen Korb haltend, den er auf den Schultern trägt, in der Linken den Thyrsusstab. Um die Schultern hängt die Löwenhaut. Bronze oval. Mol. 20. Bode 526. 50×42 Mm. Schöne kräftige ital. Arbeit aus dem XV. Jahrh. von sehr guter Erhaltung.

Reproduktion eines antiken Steines im Besitze der Medici.

Abgebildet Tafel XVI.

Verehrung der Venus.

618 Vor einer drapierten Säulenhalle sitzende Venus, mit der Rechten Amor umfassend. Vor ihr huldigende Frauenfiguren. Bronze. Verzierte Umrahmung. Rund, convex. 86 Mm. Vöge 839. Sehr feine, niederländische Arbeit nach Bartholomäus Spranger (1546—1612, auch Antonio da Brescia zugeschrieben).

Abgebildet Tafel XVI.

Ceres und Flora.

619 Ceres nach rechts schreitend, trägt in der linken Hand 4 Ähren und nimmt mit der rechten Hand von den Blüten, welche die zu ihrer Rechten gehende Flora in einem Tuche darbietet. Beide sind mit Tunika und Schleier bekleidet. Auf dem Boden Blumen und Pflanzen. Bronze, rechteckig. 102×91 Mm. Kl. Loch. Sehr schön.

Abgebildet Tafel XXV.

Mercur und Argus.

620 In weiter Landschaft steht vorne rechts Mercur mit d. Kopfe des getöteten Argus, dessen blutiger Rumpf weiter links liegt. Im Mittelgrunde l. Juno mit dem Pfau, Darstellung einer Jagd u. weidende Viehherde. Im Hintergrunde eine Stadt, oben in Wolken Juno in Pfauenwagen. Blei, rund. 165 Mm. Von Hans Gar. Schön.

Abgebildet Tafel XXV.

Mercur und Amor (?).

621 Sitz. männl. Figur n. l. mit grossem Blumenstrauss vor einem Tisch, auf diesem eine Schale, in welche ein nackter Knabe aus einer Röhre einen Wasserstrahl ergiessen lässt. Im Hintergrunde Gebäude. Br. Oval. Anscheinend XVII. Jahrh. 35/47 Mm. Schön.

Spes mit Papagei.

622 Spes n. l. stehend, gegen Himmel blickend in faltenreichem Gewande, mit ausgestreckter Linken einen Papagei tragend. Zu ihren Füssen ein Anker, im Hintergrunde Stadt und Berge. Bronze, rechteckig. 142×90 Mm. XVIII. Jahrh.? Schön.

Schlafende Bacchantin u. 2 Satyrn.

623 Links vor einem mit VI — RT — VS bezeichneten Pfeiler ruht eine Frau mit 2 kleinen Kindern, von denen eines ihre Brust nimmt, rechts 2 Satyrn, von denen der Vordere das Gewand der Frau aufhebt, während der Andere einen Zweig trägt. Im Hintergrunde ein Baum. Br. Rund. 60 Mm. Von Fra Antonio da Brescia. S. schön.

Abgebildet Tafel XVIII.

Herkules und Cacus.

624 Während Herkules r. am Boden gelagert schläft, sucht Cacus l. ein Rind am Schwanze in seine Höhle zu ziehen; im Hintergrunde ein zweites Rind und Gehölz. Bronze, rund. 60 Mm. Von Moderno. Mol. 194 Anm. B. 776. Braune Patina. Sehr schön.

Abgebildet Tafel XVIII.

Herkules mit dem Geron ringend.

625 Der unbekleidete Herkules mit der Löwenhaut auf dem Rücken presst den Geron an sich. Links ein Haus, rechts eine Ruine, im Hintergrund eine Gebirgslandschaft. Br. viereckig. 66×53 Mm. Von Moderno. Mol. 195. Bode 774 (jedoch ohne Schrift). Schön.

Abgebildet Tafel XIX.

Herkules und der Nemäische Löwe.

626 Der stehende nackte Herkules n. links presst mit beiden Armen den Kopf des Löwen an seine Brust, um ihn zu ersticken. Hinter ihm ein Baum, an welchem Köcher u. Keule. Schmaler profilierter Rand. Br., viereckig. 74×56 Mm. Von Moderno. Mol. 198. Bo. 768. Schön.

Abgebildet Tafel XVIII.

Ariadne auf Naxos.

627 In der Mitte sitzt Ariadne mit zum Boden gekehrter Fackel. Um sie herum 5 Bacchanten und Satyrn mit verschiedenen Abzeichen. Im Abschnitt: · IO · F · F · Br., rund. 54½ Mm. Von Giovanni Fiorentino. (2. Hälfte des XV. Jahrh.) Mol. 130. Bode 949. Sehr gut erh.

Abgebildet Tafel XVIII.

Das Urteil des Paris.

628 Links sitzender Paris unter einem Baum hält Apfel und Flöte. Vor ihm Venus, Juno und Minerva mit Schild u. Lanze. Über ihnen fliegender Amor. Im Abschnitt: · IO · F · F · Br. rund. 56 Mm. Von Giovanni Fiorentino. Mol. 134. Bode 954. Schön.

Abgebildet Tafel XVIII.

Ariadne auf Naxos und Urteil des Paris.

629 Zweiseitig mit Darstellungen von No. 627 u. No. 628. Im Rv. ist die Signierung undeutlich. 56 Mm. Gelocht. Sehr gut erh.
Abgebildet Tafel XIX.

Der Raub der Amymone.

630 Neptun die Amymone raubend in Meereslandschaft. Bronze, vergoldet. Oval. Vöge 819. 68×57 Mm. Schön.

Triton und Delphin.

631 Triton erschlägt mit Fischen einen Delphin. Br. Schildförmig. 47×101 Mm. Schön.

Opferung der Iphigenie.

632 Rechts vor einem Altar kniet die Iphigenie, hinter ihr der Priester mit geschwungenem Beil und Zuschauer; im Hintergrund 2 Bäume. Bronze, oval. Von Valerio Belli. 42×36 Mm. Mol. 298. Bode 1150. Braune Patina. Schön. *Abgebildet Tafel XVI.*

Jäger und Bacchant.

633 Links schlafender Jäger in kurzer Toga auf Trophäe sitzend. Auf ihn zuschreitend ein nackter Bacchant. Er trägt auf dem linken Arm ein Stierfell, in der Rechten an einem Stabe einen Bärenkopf. Rechts eine Statue auf einem Postament. Br., rund. 31 Mm. Von Giov. Fiorentino. Mol. 133. Bode 951. Gel. Schön.
Abgebildet Tafel XVI.

Die Schmiede des Vulkan.

634 Auf blumigem Grunde Vulkan und zwei Gehilfen um einen Ambos, Eisen schmiedend, links ein weiterer Gehilfe, den Blasebalg ziehend, rechts Venus und Amor. Im Hintergrunde eine Stadt mit Bäumen. Grosse, runde Bleiplakette von Hans Gar. 168 Mm. Blätterrand. Feines und schönes Exemplar. *Abgebildet Tafel XXV.*

Vulkan schmiedet die Pfeile Amors.

635 Vulkan an Ambos stehend, schmiedet die Pfeile des Amor; rechts von ihm sitz. Venus, Amor u. Mars. Bronze, rechteckig. 43×57 Mm. Dunkelbraune Patina. Sehr schön. *Abgebildet Tafel XVIII.*

Kalliope.

636 Nackter Knabe von rückwärts, nach d. linken Seite blickend, hält eine Tafel, worauf das Alphabet. Im Hintergrunde ein Gebäude, oben CALI — OPE Silber, rechteckig. 47×36 Mm. 15 Gr. Sehr schön.

Eine Ansprache.

637 In der Mitte steht ein bärtiger Mann in röm. Tracht mit erhobener Rechten, lebhaft sprechend zu einem Mann u. einer Frau l., rechts stehen 2 weitere Frauen. Bronze, oval. 53×43½ Mm. Mol. 309. Bo. 1156 (jedoch ohne Schrift). Von Valerio Belli. In schwach profilierter Umrahmung. Gel. Schön. *Abgebildet Tafel XIX.*

638 Eine Ansprache. Gleiche Darstellung. Mit VA · VIN · F im Abschnitt. 46×40 Mm. Etwas ausgebr., sonst schön.

639 Desgleichen. Ein antiker Krieger auf einer Estrade. Rechts 2 Frauen, links 2 männl. u. 1 weibl. Figur. Im Abschn.: VA · VI · F Br., oval. Von Val. Belli. 52/44 Mm. Mol. 310. S. g. e.

640 Desgleichen. Auf einer Estrade 2 römische Krieger; rechts drei Krieger mit kriegerischen Abzeichen; im Abschnitt: ADLOCVTI · Br., rund. Wie Mo. 111 (Melioli), aber die beiden Krieger ohne Helm. 33 Mm. Sehr schön.

Abgebildet Tafel XVI.

Antike Gruppe.

641 4 Personen, darunter ein Krieger u. ein Hirte sitzend u. stehend, in der Mitte ein knieender Sklave mit einer Schüssel. Bronze, oval. 24×37 Mm. Schön.

Reiterkampf.

642 DVBIA · FORTV — NA Reiter mit Helm u. Schild nach rechts über 2 am Boden liegende nackte Gegner und ein gestürztes Pferd hinwegsprengend. An seiner Seite ein lediges Pferd im Galopp. Br. rund. 60 Mm. Mol. 215. Von Moderno. Gel. Schön.

Abgebildet Tafel XVII.

643 Die gleiche Plakette ohne Schrift. 52 Mm. Schön.

Löwenjagd.

644 5 Reiter in antiker Tracht m. 3 Hunden verfolgen einen Löwen und eine Löwin. Im Abschnitt: VALERIVS · VICENTINVS · F Von Valerio Belli. Br. oval. 72/82 Mm. Mol. 306. Sehr schön.

Abgebildet Tafel XXI.

Reiter im Kampf mit 3 Löwen.

645 Nach rechts galoppierender Reiter zückt seinen Dolch gegen einen das Pferd von vorne anspringenden Löwen. Ein zweiter Löwe erfasst seinen rechten Fuss u. ein dritter krallt sich in das Hinterteil des Pferdes ein. Auf dem Boden liegt ein Helm und ein zerbrochener Degen. Im Hintergrunde sind Hügel u. Gebäude zu sehen. Unten die verwischte Signatur: IOANNIS FRANCISI · PARMENSIS Halbrelief. Blei, viereckig (von Giovanni Francesco Enzola). 68×68 Mm. Mol. 97. Bode 897. Gut erh.

Mucius Scaevola.

646 Rechts vorn Mucius Scaevola, der seine rechte Hand in die Flamme eines Feuers hält, das auf einem vor ihm stehenden Altare brennt. Ihm gegenüber unter einem Bogen 2 Figuren. Hinter ihm ein stehender Krieger mit einem Feldzeichen; weiter links 3 Reiter. Br. Schildförmig. 56½×56 Mm. Von Giov. Fiorentino. Mol. 138. Bode 957. Gel. Sehr gut erh.

Religiöse Darstellungen.

Gott Vater.

647 Sitz. Gestalt mit langem Barte und erhobener Rechten; in der Linken Weltkugel mit Kreuz. Unten beflügelter Engelskopf. Hochrelief. Bronze, leicht vergoldet. 78×35 Mm. Zwei kl. Löcher. Schön.

Einzug Noahs in die Arche.

648 Im Vordergrunde in der Mitte Noah mit seiner Frau. Rechts und links von ihnen ihre Söhne Sem, Cham und Japhet mit ihren Frauen, welche allerhand Geräte tragen. Im Hintergrunde die Arche, in welche alle Gattungen Tiere einziehen. Grosse, runde Bronzeplakette. 204 Mm. Braune Patina. Prachtstück. *Abgebildet Tafel XXVI.*

Sündflut.

649 Eine durch die Sündflut verödete Landschaft mit vielen Tier- und Menschenleichen. Rechts oben auf einem Berg die Arche Noah. Links oben in Wolken Engel. Br., viereckig. 65×118 Mm. 2 kleine Löcher. Schön.

Noahs Opfer.

650 Zu beiden Seiten eines flammenden verzierten Altars knieen betende Männer und Frauen mit erhobenen Händen, im Hintergrunde eine Stadt. Breite Bordüre aus Guirlanden und Puttenköpfen. Bronze, rechteckig. 112×197 Mm. Holländische Arbeit des 17. Jahrh. Dunkle Patina. Sehr schön. *Abgebildet Tafel XXVI.*

Opferung Isaacs.

651 Der steh. Abraham im Begriffe, das Schlachtmesser an den gebundenen Isaac anzusetzen, wird von einem oben schwebenden Engel daran gehindert. Rechts und links Bäume, links unten ein Widderkopf. Bronze, rechteckig. 171×123 Mm. Flämische Arbeit ca. 1600. Schön. *Abgebildet Tafel XXV.*

652 Desgleichen. In baumreicher Landschaft Darstellung des Opfers. Im Hintergrunde links wartender Knecht mit Pferd, dahinter Stadt. Bronze, rund. 96 Mm. Von Hans Gar. Sehr schön. *Abgebildet Tafel XVII.*

Rebekka am Brunnen.

653 In einer baumreichen Landschaft ein Ziehbrunnen, woran 2 Mädchen und Rebekka, dem Elieser aus einem Kruge zu trinken gebend. Links 2 Kamele, von einem Knecht geführt. Im Hintergrunde eine Stadt. Bronze, rund. 97 Mm. Von Hans Gar. Schön. *Abgebildet Tafel XXIV.*

Durchzug der Kinder Israel durchs Rote Meer.

654 Moses mit d. Stabe und jubelnde Israeliten links auf d. Ufer. Rechts im Meere die versinkenden Aegypter. Im Hintergrunde Stadt und Berge. Blei, rund. 166 Mm. Oben kleines Loch. Von Hans Gar. Gut erhalten.

Die eherne Schlange.

655 In der Mitte Moses n. l., in der beschwörend erhob. Rechten den Stab. Vor ihm auf einer Stange die eherne Schlange, zu der rechts u. links stehende Personen aufblicken. Im Vordergrund durch Schlangenbisse hingestreckte Personen. Im Hintergrund ein Zeltlager. Br., oval. 148/114 Mm. Ital. XVI. Jahrh. Mol. u. Bode nicht. Gel. Schöne Arbeit. Braun patiniert. *Abgebildet Tafel XXVII.*

Die Salbung Davids.

656 In der Mitte der knieende David, welchen ein Priester aus einem Horne mit Öl salbt. Umher sitzend und stehend Männer und Frauen. Vorne auf dem Boden die Harfe, im Hintergrunde flammender Altar, Stadt und Burgen. Grosse, runde Bleiplakette von Hans Gar. 166 Mm. Blätterrand. Gel. Sehr schön. *Abgebildet Tafel XXVIII.*

657 Desgleichen. Vor einem Altar der knieende David, der von einem Hohenpriester gesalbt wird. Rechts u. links vom Altar Gruppen von Männern. Im Hintergrund eine Landschaft mit Schafherde u. Schäfern, von denen einer die Laute spielt. Blei, rund. 109 Mm. Ebenfalls v. Hans Gar. Oben 2 kl. Löcher. Schön.

Abgebildet Tafel XXIV.

Tod des Absalom.

658 Absalom n. r. reitend, verfolgt von gewappneten Reitern, bleibt mit den Haaren an einem Baume hängen und wird von einem Pfeile der Verfolger durchbohrt. Bronze, viereckig. 35×45 Mm. Paduaner Meister um 1490. Sehr schön, die rechte Kante etwas irregulär.

Abgebildet Tafel XVIII.

Urteil Salomons.

659 Vor dem thronenden König rechts Frau mit d. Kinde, welches ein Krieger mit gezücktem Schwert ergreift, links die andere Frau mit ausgestreckten Armen, im Hintergrunde links u. rechts je 2 Personen, ganz unten ein liegendes Kind. Aussen herum ein mit Arabesken eingefasster Perlkreis. Br., rund. 96 Mm. Deutsche Arbeit aus d. Mitte d. 16. Jahrh. S. schön.

Abgebildet Tafel XVII.

Die unbefleckte Empfängnis.

660 Maria auf Mondsichel stehend, hält die Hände gefaltet. Um den Strahlennimbus ist ein strickartiger Gürtel gelegt. In den 4 Ecken Cherubim. Verg. Br., viereckig. 103×73 Mm. Bode 1315. Mit Öse. Schön.

Abgebildet Tafel XXIV.

661 Desgleichen. Maria steht in langem Mantel, die Hände gefaltet, auf der Mondsichel. Br., verg., ausgeschnitten. 67×31 Mm. B. 1316 (17. Jahrh.). Schön.

Geburt Christi.

662 Vornen links die knieende Jungfrau, das Knäblein anbetend, das vor ihr auf dem Boden liegt. Rechts knieend der hl. Joseph, neben sich Ochse u. Esel; links hinten 2 Hirten. In der Mitte hinten 3 schwebende Engel und der Stall. Auf dem bandartigen Rande unten: ✠ NATIVITAS · DOMINI · Zu den Seiten: POVR ♦ NOVS ♦ DEMOSTRER ♦ HVMILITE ♦ DIEV ♦ VOVLSIT ♦ NAISTRE ♦ EN ♦ POVVRETE ♦ Br., oben abgerundet. 67×52½ Mm. Nordfranzösisch. Ende des XV., Anfangs des XVI. Jahrh. Mol. 728. Schön.

663 Desgleichen. Der Knabe in einer Krippe, um ihn gruppiert Maria, Joseph u. ein Hirte, Ochse und Esel. Rechts eine Hütte, links eine Mauer, oben in Wolken ein Engel. Bronze, vergoldet. Rechteckig, ausgesägt. 135×106 Mm. Sehr schön.

Anbetung der Hirten.

664 Vor dem in der Krippe liegenden Kinde kniet l. Maria, hinter ihr Joseph und aus einer Landschaft tretende Hirten und ein Hund; rechts ebenfalls aus einem Gebäude heraustretende Hirten. Im Hintergrunde Ochs und Esel. Br. 65×113 Mm. Bode 1191. Schönes, patiniertes Exemplar von Giovanni Bernardi da Castelbolognese.
Abgebildet Tafel XXVI.

665 Desgleichen. In der Mitte in einem Korbe auf einem Baumstamm das Christuskind. Rechts Maria knieend mit gefalteten Händen, dahinter Joseph mit Ochse u. Esel; links u. dahinter 6 Hirten. Im Hintergrund eine Säulenhalle, an deren Giebel die vertiefte Inschrift: ·PARM·INVENT· (Bonzagna?). Br., viereckig. 191×144 Mm. Mol. u. Bode —. Schön.
Abgebildet Tafel XXIV.

666 Desgleichen. Flachrelief. Bronze, vergoldet. Rund. 64 Mm. Vier kl. Löcher. Süddeutsche Arbeit des XVI. Jahrhunderts.
Abgebildet Tafel XVII.

667 Desgleichen. Maria kniet neben d. Krippe mit dem Kind, daneben ein Hirte, Ochs u. Esel. Hinten ein Gebäude, aus welchem 2 weitere Hirten heraustreten. Oben ein eingesetzter Glasstern. Bronze, verg., rechteckig. 60×42 Mm. Schön.

668 Desgleichen. Vor dem auf einem Binsenkorbe lieg. Kinde kniet rechts die Madonna, vor ihr steht ein Engel und hinter ihr der heil. Joseph. Links knieen 2 Hirten, dahinter der Stall, Ochse, Esel etc. Im Hintergrunde Taufe. Bronze, rund. 74 Mm. Sehr schön.
Abgebildet Tafel XIX.

Anbetung der drei Könige.

669 Rechts sitzt die Jungfrau, den Jesusknaben auf den Knieen, den sie den anbetenden Königen, von denen einer vor ihr kniet, darbietet. Hinter ihr der hl. Joseph mit einem Knaben sowie der Stall. Im Hintergrund Gebirge mit dem Gefolge der Könige und oben rechts der Stern. Profilierter Rand. Br., viereckig. 112×77 Mm. Von Moderno. Mol. 168. Bode 737. Gel. Schön. *Abgebildet Tafel XXIV.*

670 Desgleichen. Vor dem Stalle sitzt Maria mit dem Kinde; vor ihr knieend und stehend die drei Könige und ein bärtiger Mann. Bronze, rechteckig. 91×68 Mm. Schön. *Abgebildet Tafel XXV.*

Taufe Christi.

671 Vor dem rechts stehenden Johannes, Christus mit einem Lendentuch bekleidet, hinter ihm 4 Jünger; dahinter rechts u. links je eine Palme. Oben göttl. Gestalt u. Taube. Br., viereckig. 61×61½ Mm. Von Valerio Belli. Mol. 265. Bo. 1094. Gel. Gut erh.

Madonna del Cardellino.

672 Vor einem Vorhang die sitz. Maria, auf dem Schosse das Jesuskind, dem der kl. Johannes einen Stieglitz reicht; von l. bekränzt ein Putto Maria. Bronze, rechteckig. In glattem Rahmen. 91×70 Mm. Schön.

Madonna und schlafendes Kind.

673 Verschleierte Madonna n. l. hält die Enden eines Tuches, auf dem das nackte Kind liegt; darüber zwei Cherubim. Helle Br., breitoval. 99/133 Mm. Mol. u. Bode —. Schön.

Abgebildet Tafel XXVII.

Madonna mit Kind.

674 Links vor einer Säule unter einem Vorhange sitzende Madonna mit d. Kinde in starkem Relief; rechts bergige Landschaft mit einer Brücke und Baum. Bronze, vergoldet. Oval. 80×100 Mm. Sehr schön.

Abgebildet Tafel XXVII.

Madonna mit Christkind im Tempel.

675 Links neben einem Altar der Hohepriester Simeon, vor ihm knieend die Madonna mit dem Kinde. Links eine Frau mit 2 Tauben, rechts hinten 2 Heilige. Bronze, oval mit verziertem Rand. 90×65 Mm. Sehr schön.

Thronende Madonna zwischen Heiligen.

676 Die Jungfrau auf einem erhöhten Throne mit hoher Lehne hält auf ihren Knieen das stehende Jesus-Knäblein. Vor dem Throne rechts u. links je ein knieender Heiliger, die eine Lilie u. ein Kästchen als Geschenk darbringen. Neben dem Throne 2 Heilige in geistl. Gewande; dahinter 6 Cherubim. Unter d. Throne ein Wappen. Das Ganze in tabernakelartiger Umrahmung. Br. 126×80 Mm. Mol. 547. Bo. 843. Paduaner Schule. Schön.

Abgebildet Tafel XXVI.

677 Desgleichen. Thron. Madonna mit d. Kinde. Rechts und links von ihr je 5 Figuren, weibliche und männliche. Das Ganze in Barockeinfassung, oben und unten mit Engelsköpfen verziert. Bronze, oval. 146×97 Mm. Bode 1282. Schön.

678 Ähnl. vergoldete, ovale Bronzeplakette in glattem Rahmen; auf jeder Seite nur 4 Figuren sichtbar. 126×79 Mm. Schön.

Die heilige Familie.

679 Maria mit Heiligenschein hält das vor ihr auf dem Tisch stehende Jesuskind, dessen Haupt umstrahlt ist. Links der hl. Joseph mit Heiligenschein, den Wanderstab in den Händen. Br., viereckig. 89×73 Mm. M. u. B. —. Schmaler Rand. Kräftige Arbeit. Schöne Patina u. Erhaltung.

Abgebildet Tafel XXV.

680 Desgleichen. Links sitz. Madonna mit dem Jesusknaben und Johannes, rechts ebenfalls sitzend der hl. Joseph aus einem Buche lesend. Im Hintergrunde rechts Mauer, an welcher eine Rebenguirlande herunterhängt. Br., rund. 126 Mm. Schön.

Abgebildet Tafel XXVIII.

Gefangennahme Christi.

681 In d. Mitte Christus u. Judas, hinter Ersterem ein Soldat, der ihn ergreift u. 4 weitere Soldaten m. Fackeln, rechts hinter Judas ein Soldat, der eine Schlinge über Christus wirft, Petrus ein Messer auf einen Niedergeworfenen

zückend u. 3 weitere Personen. Br. Trapezförmig. v. B e l l i. 69/91 Mm. Mol. 269, jedoch ohne Signatur. Schön.

Abgebildet Tafel XXVII.

682 Desgleichen. In der Mitte Christus, den Judas von rechts kommend umarmt, während hinten ein Scherge Hand an ihn legt. Rechts Petrus, der auf den niedergeworfenen Malchus mit dem Schwerte einhaut. Im Hintergrunde Kriegsknechte u. Jünger. Blei, oval. Mol. 270. Bo. 1102 (jedoch ohne Schrift). 82×92 Mm. Spuren von Vergoldung. Schön.

Abgebildet Tafel XXVII.

Ecce homo.

683 Auf einer Estrade wird Christus von einem Schergen entkleidet, links ein Beamter in oriental. Tracht. Im Vordergrunde zuschauendes Volk. Im Hintergrunde Gebäude. Br., viereckig. 93×68 Mm. Anscheinend süddeutsche Arbeit. Sehr gut erh.

Abgebildet Tafel XXV.

Kreuzigung Christi.

684 Zwischen den beiden Schächern hängt Christus am Kreuze, dessen Stamm Magdalena umfasst. Links vorn ist Maria hingesunken, von 2 Frauen gestützt. Hinter ihr steht Johannes, die Hände ringend, rechts von dieser Gruppe ein nackter Knabe. Vorn rechts 2 Krieger, von welchen der eine nackt, mit Schilden. Im Hintergrunde Kriegsvolk, mit 2 Berittenen. Br., viereckig. 114/77 Mm. Von M o d e r n o. Mol. 171. Bo. 740. Gel. Schön.

Abgebildet Tafel XXIV.

Christus am Kreuz.

685 Christus mit Dornenkrone am Kreuz. Links die ohnmächtige von 2 Frauen gehaltene Maria, rechts Johannes (?) und ein bärtiger Mann. Darüber drei gotische Bogen. Bronze, rechteckig. Der Grund teilweise grün emailliert. 75×48 Mm. Französisch. 14. Jahrh. Schön.

Abgebildet Tafel XIX.

686 Desgleichen. In der Mitte das hohe Crucifix, zu dem der r. stehende Johannes klagend aufblickt, links Maria, die Hände gefaltet; am Boden Totenschädel und Knochen, im Hintergrunde l. Gebäude, r. ein Baum. Gold-Br., viereckig. 164/123 Mm. Ähnl. Bode 458. Geh. Gute Arbeit von schönster Erhaltung. *Abgebildet Tafel XXVII.*

Kreuzabnahme.

687 Am Fusse des Kreuzes, von dem nur der Schaft sichtbar ist und an dem eine Leiter lehnt, liegt der Körper des Gekreuzigten, der von einem Jüngling und der Maria emporgehoben wird. Hinten rechts eine händeringende Frau und 2 Pharisäer. Helle Bronze, viereckig. 123×76 Mm. Ausgezeichnet schöne, anscheinend flämische Arbeit nach einem Dürerschen Stiche. Sehr schön. *Abgebildet Tafel XXIV.*

688 Desgleichen. Auf der Erde in halbsitzender Stellung ruht der Leichnam Christi, von Maria gestützt; links knieen und stehen 4 Frauen und 1 Mann.

Im Hintergrunde Fuss des Kreuzes und Leiter. Bronze, rund. 100 Mm. Gel. Sehr feines patiniertes Exemplar.

Abgebildet Tafel XX.

689 Kreuzabnahme. Auf dem Schosse der sitz. Maria der Leichnam in sitz. Haltung. rechts ergreift die knieende Magdalena seine linke Hand. Im Hintergrunde noch eine weibl. Figur und bei der an den Kreuzschaft gelehnten Leiter 2 Arbeiter mit Hammer etc. Bronze, rechteckig. 103×72 Mm. Schön.

Abgebildet Tafel XXV.

690 Desgleichen. Die sitzende Magdalena fasst den an ihren Schoss gelehnten Leichnam Christi unter beide Arme und wird durch die l. davor knieende Maria unterstützt. Dahinter 4 klagende weibliche u. 2 männliche Figuren. Ganz im Vordergrund ein Soldat mit einer Leiter u. ein Jünger mit Hammer u. Zange. Im Hintergrund das Kreuz. Gold-Br., oval. 168/130 Mm. Mol. u. Bod. —. Sehr schön.

Abgebildet Tafel XXVIII.

Pietà.

691 Am Fusse eines nur zum Teil sichtbaren Kreuzes sitzt Maria mit klagend erhobenen Händen. Auf ihrem Schosse der Leichnam Christi, der links u. rechts durch je einen Engel gestützt wird. Das Ganze in reichverziertem Barockrahmen, unter dessen Giebel Gottvater hervorschaut. Br. 162×111 Mm. Mol. 562, jedoch ohne Inschrift. XVI. Jahrh. Auf der Rückseite eine Stütze zum Aufstellen. Sehr schön.

Abgebildet Tafel XXVII.

692 Desgleichen. Am Fusse des Kreuzes der Leichnam Christi von Maria gehalten, l. u. r. ein Engel das Bahrtuch haltend. Oben vertieft: ∘ 16(2)7 ∘ ✳ Br., viereckig. 93×74 Mm. Ende des XVI. Jahrh. Zu Mol. 565. Altvergoldet. Oben ein wenig ausgebrochenes Loch, sonst schön.

693 Desgleichen. Ähnliche Darstellung. Der Leichnam Christi ruht auf dem Schosse der Maria, der linksstehende Engel fasst den rechten Arm u. d. rechtsstehende die linke Hand des Leichnams. Br., rund. 78 Mm. Ende des XVI. Jahrh. Zu Mol. 565. Altvergoldet. Sehr schön.

Abgebildet Tafel XX.

694 Desgleichen. Ähnlich. Der Leichnam liegt vor Maria. Die beiden Engel erfassen d. Leichentuch, neben d. Kreuzschaft ein Baum. Br., rund. 80 Mm. Schön. *Abgebildet Tafel XX.*

695 Desgleichen. Der Leichnam Christi wird von 2 Engeln gehalten, dahinter das Kreuz mit d. Dornenkrone, 2 Lanzen u. 2 Geisseln. In schöner Barockumrahmung. Br., viereckig. 181×124 Mm. Ital. Arbeit des XVI. Jahrh. Bo.— . Mol. —. Sehr schön.

Abgebildet Tafel XXIV.

696 Desgleichen. Die sitz. Madonna v. vorne hält mit d. Rechten den Leichnam auf ihrem Schoss und streckt die Linke klagend aus. Bronze in barockem Rahmen. 175×112 Mm. Von S a n s o v i n o. Mol. 345. Schön.

Beweinung Christi.

697 Im Vordergrunde einer Landschaft mit grossen u. kleinen Bäumen auf dem Boden der Leichnam Christi von Maria gestützt; diese wieder von einer Frau umfasst. Vöge 789. Bronze, vergoldet. Rechteckig. 78×61 Mm. Deutsch. Sehr schön. *Abgebildet Tafel XXI.*

Grablegung Christi.

698 Der Leichnam Christi wird rechts von Johannes u. links von der klagenden Maria u. dem Engel am Grabesrande gestützt. Br., viereckig. 71×55½ Mm. Mol. 176. Bode 743. Von Moderno. Spuren alter Vergoldung. Sehr gut erh.

699 Ähnliche Darstellung, jedoch ohne den Engel. Mol. 177. Mit schöner tabernakelartiger Umrahmung. 160/104 Mm. Ebenfalls von Moderno. S. schön. *Abgebildet Tafel XXVII.*

700 Desgleichen. Der Leichnam Christi ist im Vordergrund gebettet, Magdalena stützt das Haupt, Maria kniet in ihrem Schmerze vor dem toten Körper, umher knieende u. stehende betende Männer u. Frauen; im Hintergrunde Landschaft u. der Calvarienberg mit den 3 Kreuzen. Br., viereckig. 106×74 Mm. Von Moderno. Mol. 568. Gel. Schön. *Abgebildet Tafel XXVIII.*

701 Gleiche Darstellung. Plakette mit einem profilierten schmalen Rand. Br., viereckig. 107×76 Mm. In jeder Ecke u. oben gelocht, sonst schön.

Der Leichnam Christi.

702 Christus in halber Figur im Sarkophage vor einem Vorhange mit gekreuzten Armen. M. 467. B. 993. Bronze, oben halbrund. 82×50 Mm. Dunkelbraune Patina. Schön. *Abgebildet Tafel XIX.*

Auferstehung Christi.

703 Einen geöffneten Sarg, dem Christus, in der Linken ein Banner, entschwebt, umgeben 5 unbekleidete Krieger, von denen zwei bewaffnet dem Entschwebenden nachblicken. Ein dritter greift nach einem Harnisch, während vor und hinter dem Sarge je ein Krieger kauert. Im Hintergrunde links öffnet sich eine Felsgrotte. Am Boden liegen Waffen zerstreut. Br., viereckig. 99½×64 Mm. Mol. 180. B. 748. Von Moderno. Spuren einer alten Vergoldung. Gel. Schön. *Abgebildet Tafel XXVI.*

Sanct Benedict.

704 Der steh. Heilige mit Buch und Crucifix v. vorn; rechts von ihm ein Hund und Erdkugel. Bronze, vergoldet. Rechteckig. 103×73 Mm. Schön. *Abgebildet Tafel XXVI.*

705 Zweites Exemplar. Bronze; Spuren von Vergoldung. 101×71 Mm. Schön.

Die heilige Cäcilie.

706 Die heilige Cäcilie mit ihren Attributen zwischen 4 Heiligen; oben in Wolken Engelsreigen. Blei, rechteckig. 147×90 Mm. Schön und interessant.

Der heilige Hieronymus.

707 Der Heilige bis zu den Hüften entblösst, nach rechts knieend. In der Rechten hat er einen Stein, mit der Linken umfasst er ein Crucifix, dessen oberer Teil abgebrochen. Links der Löwe u. rechts vor einem Strauch der breitkrempige Hut. Helle Br. Ausgeschnitten. 117×91 Mm. Zu Mol. 184. Anscheinend von Moderno. Sehr schön.

708 Desgleichen. Der fast nackte nach rechts knieende Heilige vor einer Felsengrotte. In der rechten Hand hat er einen Stein, die linke ist mit bittender Gebärde zu einem Crucifix erhoben, welches an der Spitze eines Baumstumpfes befestigt ist. Dazwischen der ruhende Löwe, vorne rechts auf dem Boden ein aufgeschlagenes Buch, worauf ein Totenschädel. Br., viereckig mit schmalem profilierten Rand. 78×60 Mm. Mol. 183. Bo. 753. Von Moderno. Schön. *Abgebildet Tafel XXI.*

709 Desgleichen. Der n. r. knieende Heilige mit Crucifix; vor ihm Löwe, Totenkopf, Buch etc., hinter ihm an einem Baume der Cardinalshut. Bronze, rechteckig. 103×72 Mm. Sehr gut erhalten.

710 Desgleichen. Der Heilige, in der Rechten den Stein, kniet am Eingang der Höhle, fast unbekleidet. Der l. Arm ist auf einen Steinblock gestützt, die Hand hält das Crucifix; auf dem Boden ein aufgeschlagenes u. ein geschlossenes Buch, worauf ein Totenschädel, l. hinter dem Heiligen, oben in Wolken 2 Engel. Im Hintergrunde r. eine Stadt. Br., viereckig. 355×275 Mm. Unbekannter Meister XVI. bis XVII. Jahrh. Auf der Rückseite Sprung. Sonst schöne, sehr gut erh. Arbeit.

Abgebildet Tafel XXIII.

Heilige Magdalene.

711 Die heilige Magdalene in halber Figur n. r. mit langem, herabfallendem Haar, ein Crucifix an die Stirne drückend; rechts auf einem Baumstumpf ein Totenkopf, im Hintergrunde eine Stadt. Bronze, vergoldet. Rechteckig. 103×73 Mm. Sehr schön.

Abgebildet Tafel XXVI.

Sanct Michael, Tobias und Sanct Nicolaus.

712 In drei durch Säulen getrennten Feldern die Heiligen mit ihren Attributen; im Felde des St. Nicolaus unten: S — NICO Bronze, rechteckig. 63×168 Mm. Schön patiniertes Exemplar.

Sanct Petrus.

713 Der betende Apostel bis zu d. Hüften, hinter ihm eine Säule, worauf ein Hahn; rechts ein Baum, unten die Schlüssel. Bronze, rechteckig. 97×69 Mm. Schön.

Steinigung des heiligen Stephan.

714 Der auf dem Boden knieende Heilige wird von drei Männern mit Steinblöcken beworfen. Links sitz. Knabe, rechts zwei bärtige Männer. Im Hintergrunde rechts eine Burg, oben in Wolken Christus und Gott Vater. Bronze, oval. 161×210 Mm. Braune Patina. Sehr schön und interessant.

Abgebildet Tafel XXVIII.

Diverse Darstellungen.

Philipp d. Schöne.

Sohn Kaiser Maximilian I.

715 Der n. links reitende Herzog in voller Rüstung mit erhobenem Schwert und Wappenschild, hinter ihm der gekr. niederösterr. Wappenschild. Unten ein laufender Windhund. Rundes Siegelmedaillon in vergold. Bronze. 71 Mm. Mol. 727. Im Rv. eingraviert ein Lorbeerkranz, darin: GOT MIT / VNS / WER WIL / WIDER VNS / 15 — 51 Oben kl. Loch. Sehr schön.
Abgebildet Tafel XXI.

Kauernder Knabe.

716 In Baumlandschaft ein kauernder, nackter Knabe mit einem Kreuze in d. Hand; vor ihm eine Ratte. Bronze, vergoldet. Rechteckig. 68×99 Mm. Schön.

Allegorie der Baumkultur.

717 Steh. nackter Knabe, mit dem linken Fuss auf einen liegenden Satyr tretend, mit der Rechten einen Baum begiessend, den er mit der Linken einem blasenden Windgotte entgegenbiegt. Bronze, rund. 47 Mm. Von A n d r e a B r i o s c o , gen. Riccio, 1470—1532. Mol. 244. Bode 711. Schön.
Abgebildet Tafel XIX.

Allegorie des Glücks.

718 Ein links sitzender Jüngling fasst die ihm gegenüberstehende Fortuna bei den Haaren, die ein anderer ebenfalls zu fassen sucht. Darüber geschlungen ein Band mit der Inschrift: LA — VEN — TV̂R Br., rund. 39 Mm. Ende des XV. Jahrh. Mol. 492. Bo. 886. Schön.

Mutterliebe.

719 Sitzende Frau mit Füllhorn und entblösstem Oberkörper hält ein Kind im Arm, ein anderes schmiegt sich an sie, während ein drittes mit erhobenen Händen vor ihr steht. Silber, oval. 76×67 Mm. 20 Gr. Schön.

Blindheit ?

720 Vor einem turmartigen Gebäude steht ein anscheinend blindes Ehepaar in devoter Stellung vor einem Putten, welcher eine Binde um die Augen hat und mit der Rechten ein Messer schwingt. Im Hintergrunde rechts Stadt und Berge. Bronze, viereckig. 60×67 Mm. Schöne braune Patina. Von P e t e r F l ö t n e r. Sehr feine Arbeit u. Erhaltung.
Abgebildet Tafel XXIII.

Triumph der Armut.

721 Auf einem von zwei mageren Maultieren gezogenen und von einem alten Manne zu Fuss gelenkten Wagen sitzen drei Frauengestalten, bezeichnet mit INOPIA VMI und TIM, auf der rechten Seite des Wagens ebenfalls zwei Frauen zu Fuss; im Hintergrunde r. eine Kirche. Br., viereckig. 66×128 Mm. Mol. 664. XVI. Jahrh. In den 4 Ecken gelocht. Schwarze Patina. Sehr schön. *Abgebildet Tafel XXI.*

722 Gleiche Darstellung. Br., viereckig. 64×123 Mm. Braune Patina. Schön.

Triumph der Demut.

723 Auf einem von 2 Pferden (Modestia und Mansuetudo) n. l. gezogenen Wagen thron. Humilitas, in d. Händen eine aufgeschnittene Frucht u. Stab. Die Pferde werden von Metus mit einem Rutenbündel angetrieben, der Wagen ist von Glaube, Liebe und Hoffnung umringt. Br. Viereckig. 64/119 Mm. Mol. 663. Braune Patina. Schön.

Abgebildet Tafel XXII.

Die Darstellung galt früher als Triumph der Religion.

Triumph der Gerechtigkeit.

724 Auf einem von 2 Löwen n. r. gezogenen, von einem Knaben gelenkten Wagen thron. Justitia und Pax, ihnen gegenüber auf dem Vordersitz Abundantia mit Füllhorn. Br., viereckig. 67×132 Mm. Mol. 666. Dunkle Patina. Schön. *Abgebildet Tafel XXII.*

Triumph der Torheit.

725 Auf einem von 2 Stieren n. r. gezogenen Wagen, dessen Lenker Stock und Gabel trägt, sitzen 4 teilweise unbekleidete weibliche Figuren und ein Amor. Im Hintergrunde eine Stadt. Br., viereckig. 63/109 Mm. Mol. 667. Braune Patina. Sehr schön. *Abgebildet Tafel XXII.*

Arithmetik.

726 In einer Landschaft mit Stadt im Hintergrunde sitzt vorne eine Frauengestalt n. l. am Boden, den linken Arm auf eine Rechentafel gestützt, in d. erhobenen Rechten eine Uhr; neben ihr Kompass u. Stundenglas; unten in einer Cartouche: ARITHMETIQVA Bronze, oval, mit Öse. 48×84 Mm. Von Carl Enderlein (in Nürnberg tätig, † 1633). Prachtexemplar.

Abgebildet Tafel XX.

Rhetorik.

727 Pendant zur vorigen, von demselben Meister. Die in einer Landschaft sitzende Frauengestalt mit ans Herz gepresster Linken hält mit der Rechten ein Herz; vor ihr ein aufgeschlagenes Buch; unten in einer Cartouche: RHETORICA · Prachtexemplar.

Abgebildet Tafel XX.

Das Wasser.

728 Eine im Schilfe sitzende nackte Frauengestalt mit einem Gürtel und einem um den rechten Arm und Beine geschlungenen Mantel. Die Rechte hält ein Gefäss, aus welchem sich Wasser mit Fischen ergiesst, die Linke ein Ruder. Hinter dem von der Sonne bestrahlten, von Fischen belebten Wasser eine bergige Landschaft mit Gebäuden. Umrahmung mit einfachem Rollwerk, darin unten: • AQVA • Bronze, oval. 69×96 Mm. Von François Briot. Prachtexemplar.

Abgebildet Tafel XVIII.

Medaillon einer Frau.

729 Brustb. einer Frau mit schönem Profil u. Lorbeerkranz mit gescheiteltem, welligen Haar, das hinten aufgebunden in einer Schleife auf den Nacken

fällt. Im Felde rechts ein Pferdekopf. Br., oval. 44×33 Mm. Ital. Arbeit. XV.—XVI. Jahrh. Mol. 60. Oben und unten gelocht. Reste einer alten Vergoldung. Schön.

730 Zweites Exemplar in dunkler Bronze. Schön.

Brustbild einer Frau.

731 Brustbild einer verschleierten Frau mit edlem Profil nach links. Br. 130/90 Mm. Oben kleines Loch. Hellbraune Patina, sehr schön. 18. oder 19. Jahrhundert (?). *Abgebildet Tafel XXVIII.*

Flötenbläser u. Trommler.

732 Ein Flötenbläser u. ein Trommler in altdeutscher Tracht v. vorn. Halbrelief n. Jost Amman (?). Br., oval. 58/42 Mm. Verg. Schön. *Abgebildet Tafel XIX.*

Degenstichblatt.

733 Bronze. Beiderseits mit erotischen u. dergl. Darstellungen. 66×67 Mm. Sehr schön.

Inhalts-Verzeichnis

nach Nummern des Catalogs.

Von meinen früheren Katalogen sind u. a. noch zu beziehen:

	ℳ ₰
1902/3 **Cav. E. Gnecchi,** Mailand, Italienische Münzen. 5849 Nummern. In 3 Abteilungen:	
I. Abteilung. Münzstätten Acqui — Lucca. Mit 11 Tafeln, bis auf ganz wenige Expl. vergriffen	10.—
Ohne Tafeln	2.—
Preisliste	2.—
II. Abteilung. Münzstätten Maccagno — Musso. Mit 15 Tafeln. Vergriffen.	
Ohne Tafeln	2.—
Preisliste	2.—
III. Abteilung. Münzstätten Napoli — Zara. Mit 16 Tafeln, bis auf ganz wenige Expl. vergriffen	10.—
Ohne Tafeln	2.—
Preisliste	2.—

Von meinen sonstigen Katalogen steht auf Wunsch Verzeichnis zu Diensten.

I.

8 74 70 76 34

84 85 127 173

147 94 94

152 161 171—Gold

182 182

II.

192 Gold
201
199
202
192 Gold
200
232
235
238
239
284—
240
—284
243
246
299
303
308
314
315

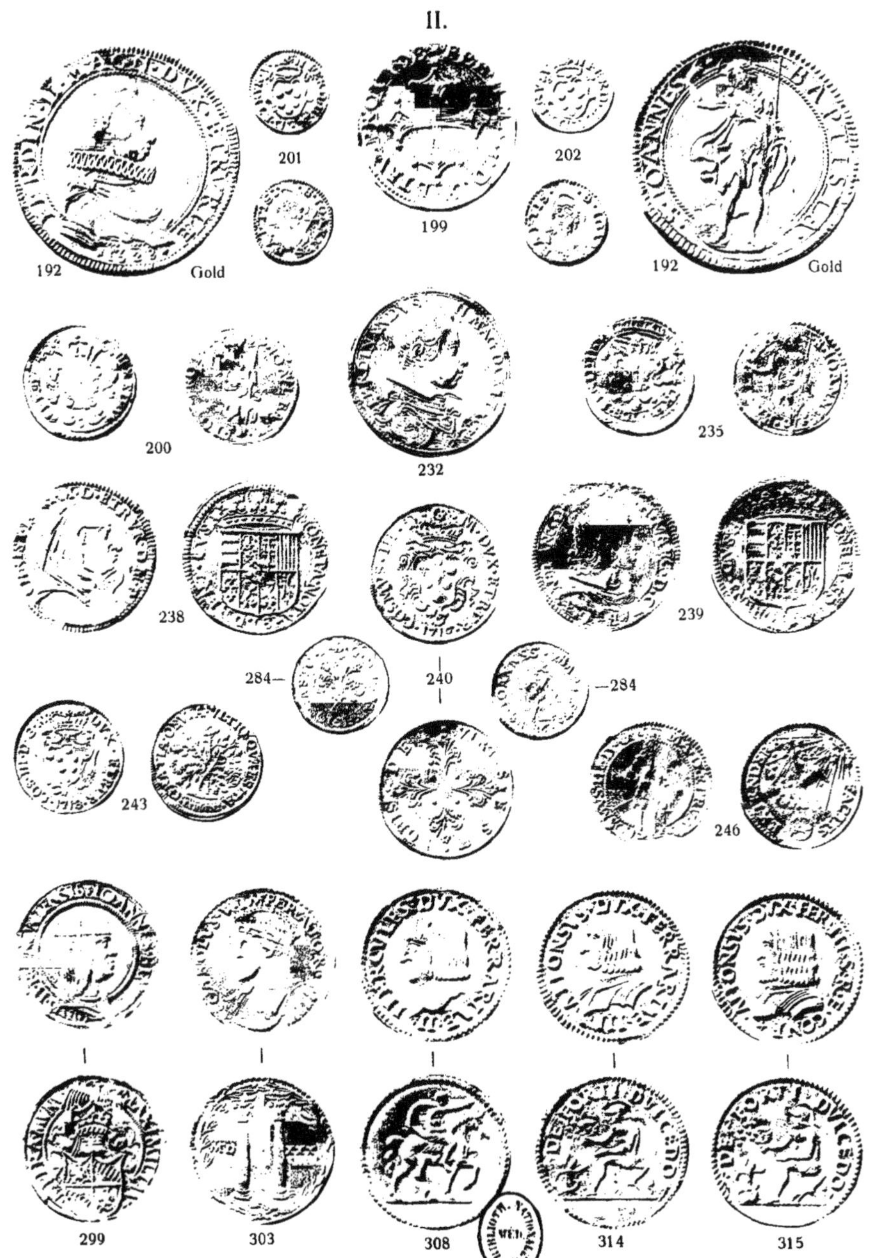

III.

IV.

411

416

441

464

464

463

410

463

V.

480

461 461

507 507

471 Gold 471 Gold

501

VI.

490 510 490

496 509 496

512 512

511 495 511

VII.

569 — 499 — 499 — 517 — Gold — 504 — 519 Gold — 504 — 517 — Gold — 514 — 514 — 520 — 513 — 520

VIII.

523

523

534

531

531

529

529

537

522

537

IX.

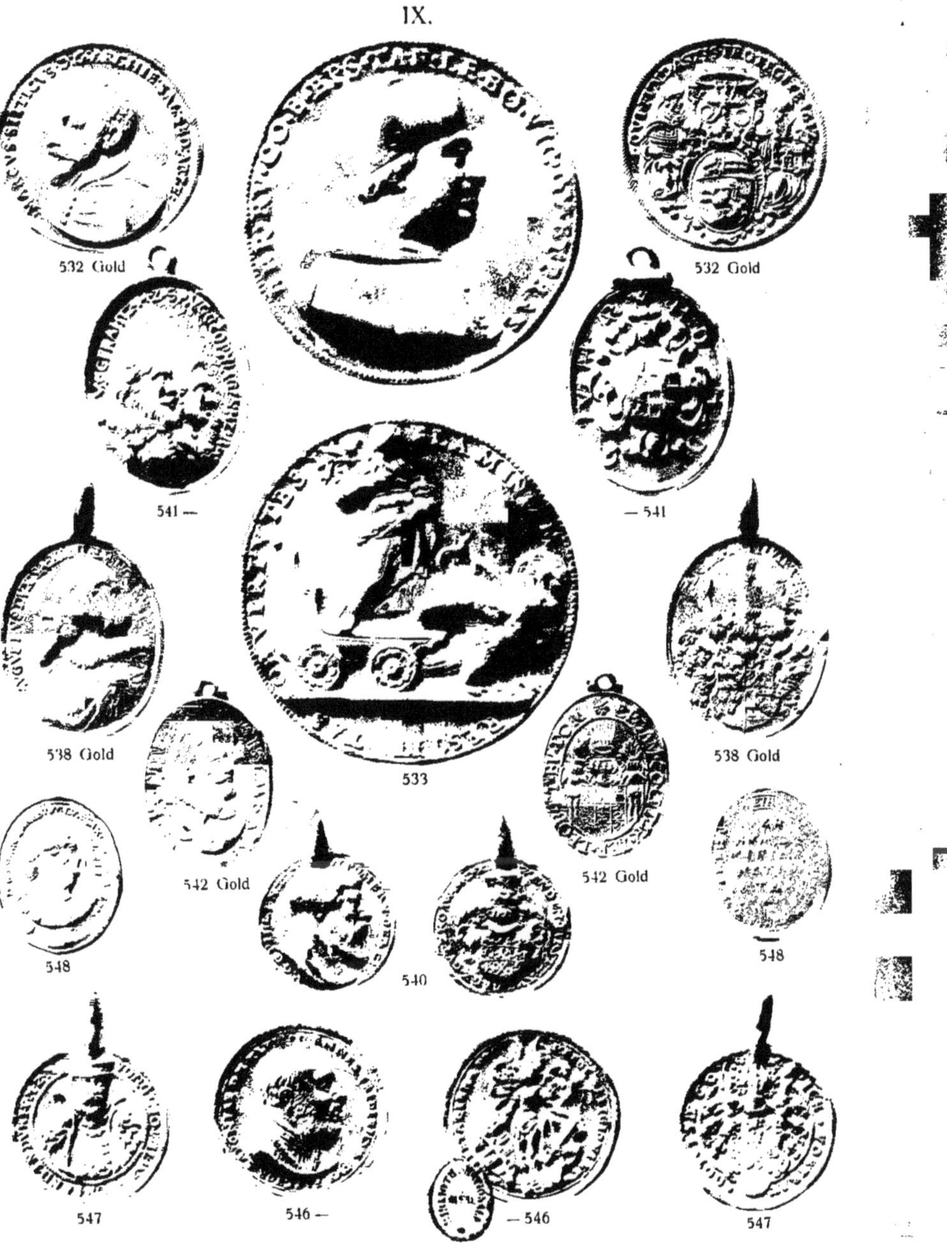

532 Gold — 532 Gold

541 — — 541

538 Gold — 533 — 538 Gold

542 Gold — 542 Gold

548 — 540 — 548

547 — 546 — — 546 — 547

X.

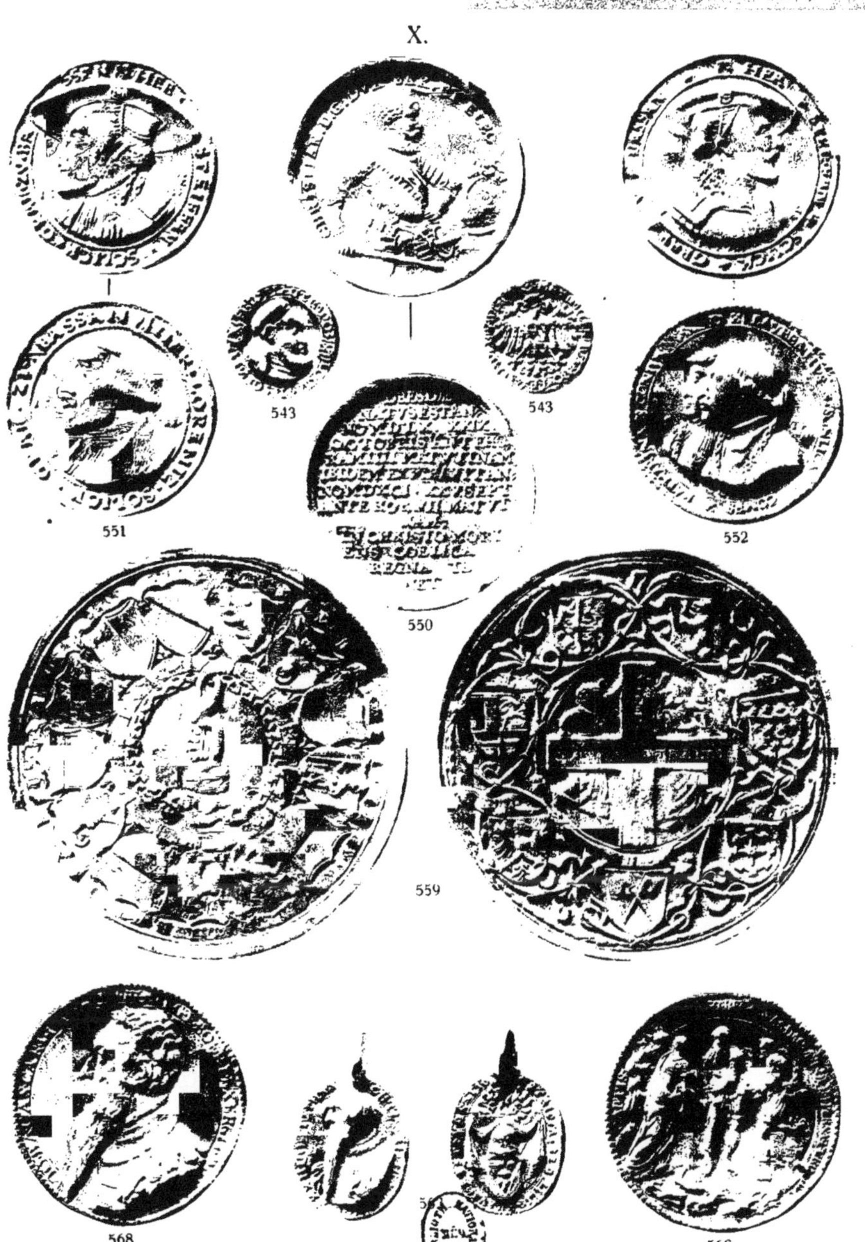
543 543 551 552 550 559 568 568

XI.

— 561

576

567

567

574

577

578 — Gold

577

XII.

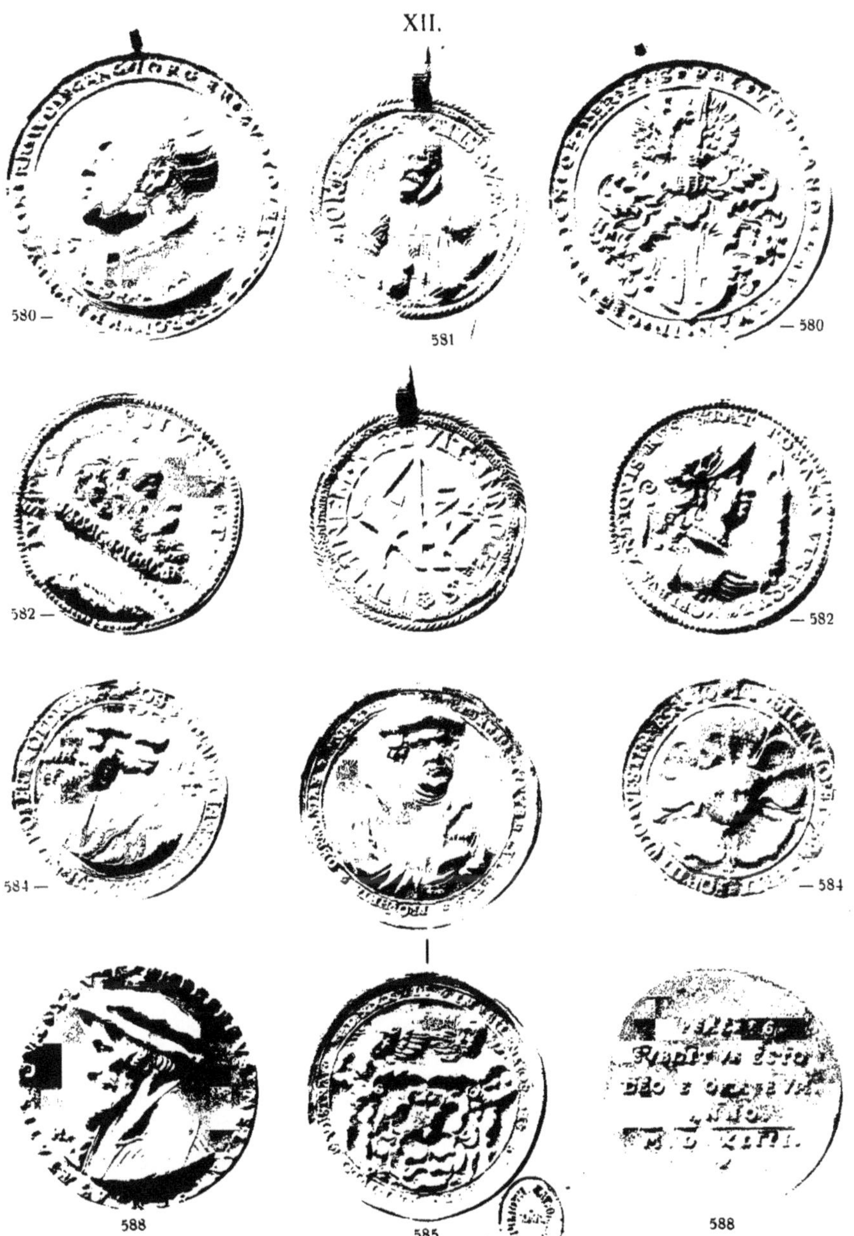

580 — 581 — 580

582 — 582

584 — 584

588 585 588

XIII.

579

589

589

— 590 —

590

— 590

— 593 —

604

604

595 —

594

— 595

XIV.

598 —

— 607 —

— 603 —

XV.

609 — 611 — 609

605

613 612 613

615 615

XVI.

616 — 491

640 618 633

617 632

XVII.

652

659

642

660

XVIII.

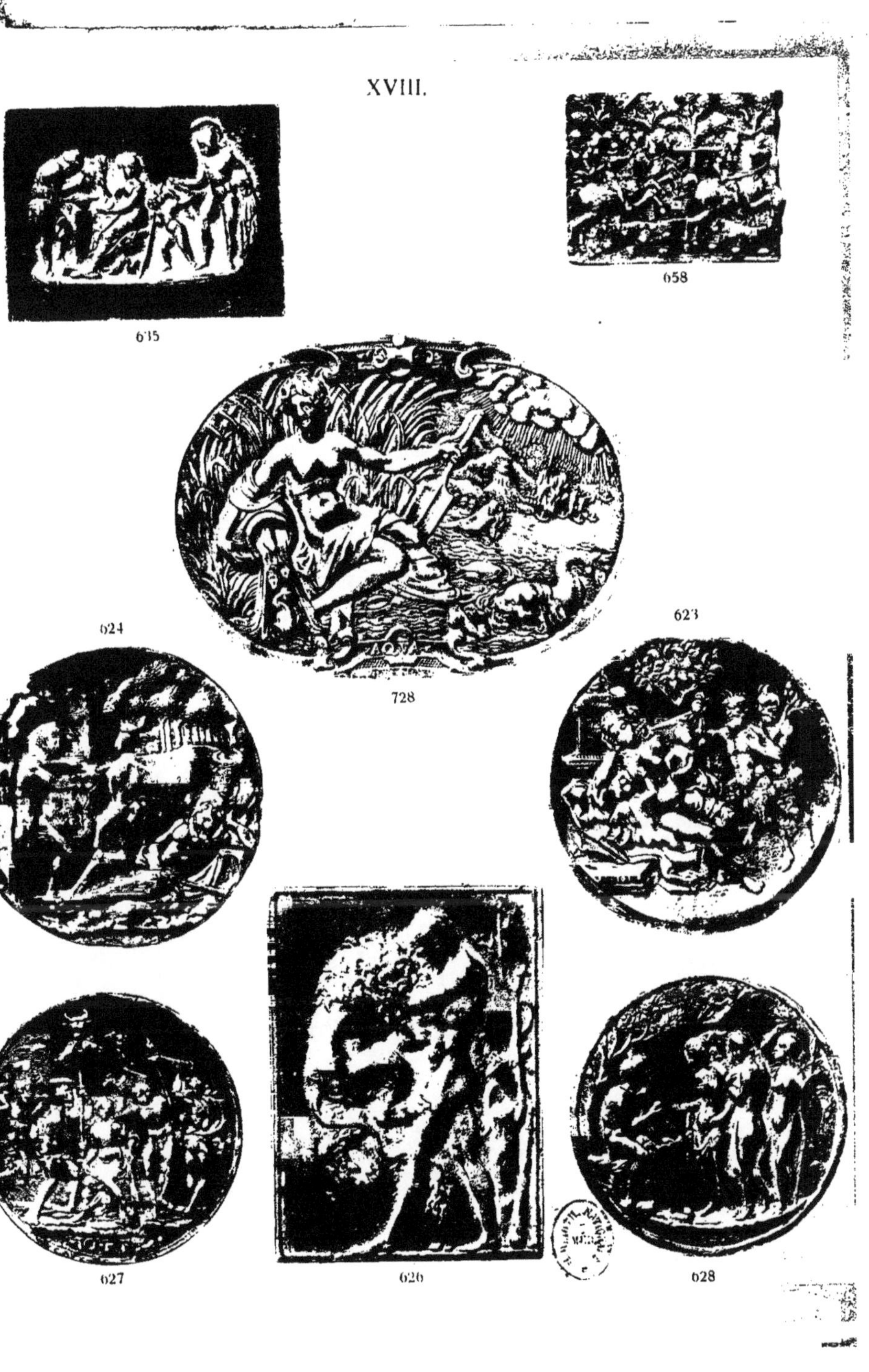

635 658 624 728 623 627 626 628

XIX.

717 — 668 — 637 — 629 — 625 — 629 — 702 — 732 — 685

XX.

720

727

688

694

693

XXI.

697

708

644

715

721

XXII.

723

724

725

XXIII.

710 — ½ der wirklichen Höhe und Breite

720

XXIV.

669 660

695

653 665 657

687 684

Sämtlich ½ der wirklichen Höhe und Breite

XXV.

620

619

634

683

651

679

670

680

Sämtlich ½ der wirklichen Höhe und Breite

XXVI.

703

664

704

648.

676

650

711

Sämtlich ½ der wirklichen Höhe und Breite

XXVII.

674 655 673

691 686 699

682 681

Sämtlich ½ der wirklichen Höhe und Breite.

XXVIII.

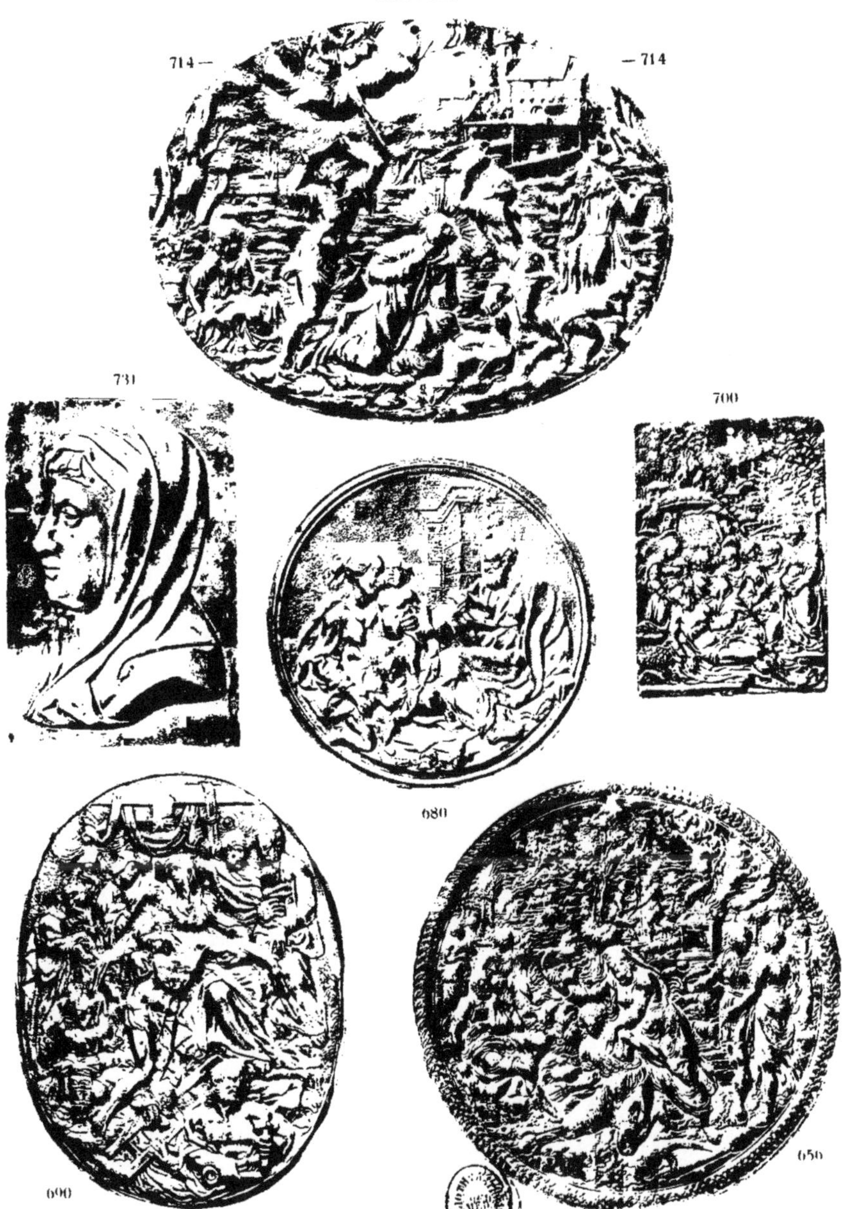

Sämtlich ½ der wirklichen Höhe und Breite

Druckerei August Osterrieth in Frankfurt a. M.

www.ingramcontent.com/pod-product-compliance
Ingram Content Group UK Ltd.
Pitfield, Milton Keynes, MK11 3LW, UK
UKHW021058260726
13994UKWH00002B/568